AMBRA | V

GLOBArt (Hrsg.)

auf bruch

GLOBArt Academy 2013

AMBRA | V

„MEIN TRAUM WÄCHST JEDEN TAG“

Mit neun Jahren pflanzte Felix Finkbeiner seinen ersten Baum. Sechs Jahre später wurde seine Initiative „Plant for the Planet“ von mehr als 100.000 Kindern weltweit unterstützt. Er war einer der Helden der GLOBArt Academy 2013, der Mut machen sollte, aufzubrechen und seinem Beispiel zu folgen.

Seit Jahren ist die GLOBArt Academy ein Treffen von Visionären, Impulsgebern und Umsetzern. Unter dem Motto „auf/brechen“ wollten wir 2013 Helden von morgen einladen, die schon begonnen haben, Fragen anders zu beantworten und anders zu leben. Die Erneuerung liegt nicht nur im Aufbruch zum Tun und Handeln, sondern auch darin alte Denkmuster, erstarrte Vorstellungen und Gemeinschaften aufzubrechen.

Es war eine Freude, wie engagiert und überzeugend ganz Krems Bühne für dieses Erlebnis des Aufbruchs wurde. Von den „Geschichten des Gelingens“ bis zur „Wunderkammer der Möglichkeiten“ dürfen Sie, verehrte LeserInnen, sich in den folgenden Beiträgen ermutigen und inspirieren lassen. Neues kann nicht innerhalb, sondern nur zwischen Gemeinschaften entstehen.

Einen herzlichen Dank an alle, die zum Gelingen der Academy beigetragen haben und Ihre Texte auch in schriftlicher Form zur Verfügung gestellt haben.

Prof. Heidemarie Dobner
Generalsekretärin GLOBArt

IDEEN KÖNNEN DIE WELT VERÄNDERN

Ideen liegen schon lange in der Luft, sie sind ihrer Zeit voraus.

GLOBArt, die Niederösterreichische Denkwerkstatt für Zukunftsfragen, macht diese Ideen zum Thema. Jahr für Jahr kommen auf Einladung von GLOBArt wichtige ImpulsgeberInnen, QuerdenkerInnen und UmsetzerInnen nach Krems um ihre Ideen zu präsentieren. TeilnehmerInnen folgen ihrem Beispiel.

Ideen *können* die Welt verändern, engagierte Menschen *verändern* sie.

Auch in diesem Jahr hat GLOBArt ein zukunftsweisendes Thema gewählt: „auf/bruch - Entwürfe für eine Welt mit Menschen". Internationale ExpertInnen, QuerdenkerInnen, DesignerInnen und ImpulsgeberInnen haben dazu ihre Ideen präsentiert.

Gemeinsam werden wir ein Bewusstsein für einen kulturellen Wandel schaffen. Das Credo des Soziologen Harald Welzer: „Nicht maßloses Wachstum und Konsum sollen in Zukunft unser Denken und Handeln bestimmen, sondern Ideen zur gemeinschaftlichen Nutzung, nobles Handeln, Toleranz und Respekt – Qualität statt Masse".

Ich freue mich, dass nun auch die schriftliche Version der zukunftsweisenden Impulse dank der Initiative von GLOBArt vorliegen und Sie verehrte LeserInnen die Möglichkeit haben, sich davon inspirieren zu lassen.

Dr. Erwin Pröll
Landeshauptmann von Niederösterreich

„WAS EINMAL GEDACHT IST, GIBT ES“

„Aufbruch zu neuen Ufern“ lautet ein Schlagwort, das gerne genannt wird, wenn es gilt, sich Herausforderungen zu stellen, denen mit alten Modellen nicht beizukommen ist. „Aufbruch“ war auch das Thema der GLOBArt Academy 2013 im Kloster UND in Krems/Stein, jener Denkwerkstatt für Zukunftsfragen, die sich traditionell grundsätzlichen Themen aus unterschiedlichen Blickwinkeln widmet und dabei versucht, konkrete Antworten auf brennende Fragen zu geben.

Das spiegelte sich auch dieses Jahr nicht nur in zahlreichen Vorträgen, Workshops und Diskussionen mit internationalen Referenten wider, sondern bereits im Eröffnungsvortrag von Peter Rosei. Er sprach sich für einen „neuen Narrativ“ aus und resümierte: „Unsere Musik heißt Denken – Was einmal gedacht ist, gibt es“. Das Suchen nach einer „Sozialen Plastik“ nannte Johannes Stüttgen, der dabei Gedanken seines Lehrers Joseph Beuys weiterentwickelte, als eines der vordringlichsten künftigen Ziele.

Dass es manchmal notwendig ist, Chaos in die gewohnte Ordnung zu bringen, um daraus eine neue Entwicklung zu kreieren, hat Christoph Schlingensief mit seinem vielschichtigen Werk gezeigt, das als Beispiel eines gelebten Aufbruchs gleichfalls im Zentrum dieser GLOBArt Academy stand. Wie sehr sich die Wurzeln seiner Gedankengänge bereits in der griechischen Antike finden, machten Monika Meister und Susanne Granzer deutlich.

Jana Revedin, mit ihren Bauprojekten für die Slums von Kairo, der erst 15-jährige Felix Finkbeiner, der nicht nur für ein neues ökologisches Bewusstsein plädierte, sondern gemeinsam mit Gleichaltrigen Bäume pflanzte, und Stefan Sagmeister, der meinte, dass der Mensch nicht für das Glück designt ist, zeigten, wie unterschiedlich Aufbruch verstanden und realisiert werden kann.

Als Bundesministerin für Unterricht, Kunst und Kultur danke ich GLOBArt für das Engagement, sich wiederum einem brennenden Zukunftsthema in einer so breit gestreuten Perspektive angenommen zu haben, wie man in dieser spannenden Publikation, zu deren Lektüre ich viel Vergnügen wünsche, nachlesen kann.

Dr. Claudia Schmied
Bundesministerin für Unterricht, Kunst und Kultur

Inhalt

Referate

1 EIN VERRÜCKTES UNTERFANGEN
Peter Rosei

8 ÜBER ZUKUNFT UND ZEITLICHKEIT. ODER: WAS IST EIGENTLICH NACHHALTIG?
Harald Welzer

12 ZUR ÄSTHETIK DES WEGLASSENS
Andrea Moya Hoke

16 ÄSTHETIK DES WEGLASSENS
Karin Sander

21 THINGS I HAVE LEARNED IN MY LIFE SO FAR
Stefan Sagmeister

24 HOW I BECAME FASCINATED BY COMPUTERS
Marko Calasan

25 DAS GROSSE JA, DAS DOPPELTE JA
Susanne Valerie Granzer und Monika Meister

34 „WER BIN ICH UND WARUM?“ IM TOTALCRASH AUF SPURENSUCHE. MEINE BEGEGNUNG MIT SCHLINGENSIEF
Johannes Hoff

49 VON NACHHALTIGEN LEBENSRÄUMEN ZU MENSCHLICHEN INNENRÄUMEN
Michael Kerbler im Gespräch mit Jana Revedin

59 UNTERNEHMEN DES GELINGENS: LEDERHAAS COSMETICS
Wolfgang Lederhaas

66 FREUDE DURCH ZIELEXPLORATION MIT DEM UNTERBEWUSSTSEIN. SINN UND ARBEIT
Senana Lucia Brugger

74 STOP TALKING. START PLANTING. ALLES WÜRDE GUT
Felix Finkbeiner

85 GEMEINSAM AUFBRECHEN STATT IN GEMEINSCHAFTEN ERSTARREN
DIRK BATHEN UND JÖRG JELDEN

87 GLOBART ACADEMY 2013 – RESÜMEE UND AUSBLICK
WILFRIED STADLER

WORKSHOPS

91 „SPIELKINDER“ – AUFBRUCH IN EINE DIGITALE LERNKULTUR
MARJATTA KIESSL UND KLAUS HIMPSL-GUTERMANN

95 NEUE ARBEITSFORMEN, SINN STIFTEN
DORIS HELMBERGER

99 AUFBRUCH ZUM UMBRUCH: DIE ESSL FOUNDATION, ASHOKA, UND DER SOZIALE WANDEL
MICHAEL FEMBEK

101 SOCIAL ENTREPRENEURSHIP AN EINEM BEISPIEL
JOACHIM SCHREIBER

105 LABORE EINER ANDEREN PRAXIS
HARALD BLEIER

108 „DREI WELLEN“ - ZIELEXPLORATION MIT DEM UNTERBEWUSSTSEIN
SENANA LUCIA BRUGGER

AUSSTELLUNG

117 JOSEF HOFER
LUCIENNE PEIRY

KONZERT

121 BACH ALS IDEALE MUSIKALISCHE METAPHER FÜR AUFBRUCH
WALTER DOBNER

123 Referentinnen & Referenten

129 Impressum

EIN VERRÜCKTES UNTERFANGEN

PETER ROSEI

Meine sehr geehrten Damen und Herren,

ich frage mich, ob ich für den heutigen Anlass der richtige Redner bin. Ich sage das nicht aus Koketterie. Dichter finden sich eigene Wege, um zu den anderen zu gelangen. Gegenwärtig liegen die Dinge, wir wissen es, eher vertrackt, wie unübersteigbare Berge – wann allerdings wären sie nicht vertrackt gelegen? Die Fülle der Vorschläge, wie man das Weitere anlegen könnte, ist Legion und naturgemäß kontrovers. Selbst bei oberflächlichster Betrachtung der Lage wird zudem klar, dass es eine Lösung der anstehenden Probleme aus einem Guss, aus einer Idee, in einem großen Wurf sozusagen, für jetzt nicht geben kann. Solches wäre zwar ganz wunderbar und zumindest denkerisch einfach, das abgelaufene Zwanzigste Jahrhundert hat uns wohl aber den Gusto auf derartige Generallösungen gründlich verdorben. Wo also fangen wir an?

Ganz überraschend sehen wir uns momentan einer Art von Gerechtigkeitsschwemme gegenüber: Man ist daraufgekommen, dass das Verhältnis zwischen den Gehältern von Managern und gewöhnlichen Sterblichen doch nicht so ganz passt, das Verbringen von Geldern auf Schwarzkonten im Ausland wird nun doch erschwert, das Sanieren maroder Banken auf Kosten der Steuerzahler und nicht auf Kosten der Profiteure ist zumindest dem Grundsatz nach obsolet, dass Einkünfte aus Finanztransaktionen auch Einkünfte und also zu besteuern sind, hat sich ebenfalls herumgesprochen. Ich will das bestimmt nicht kleinreden. Die angedachten oder auf dem Weg zur Verwirklichung stehenden Manöver, so punktuell und gewissermaßen nur klimatisch bedeutsam sie sein mögen, vor drei oder vier Jahren wären sie kaum mehrheitsfähig gewesen.
Wie ist diese Wende nur zustande gekommen? Der Begriff „Wutbürger" gibt undeutlich die Richtung vor. Unbestreitbar, dass sich in der Bevölkerung, den Bevölkerungen Europas, trotz eines grosso modo nie gesehenen, geradezu unwahrscheinlichen Wohllebens, ein mächtiger Groll aufgebaut hat, durchzogen freilich von Angst, Neid, Unwissen und Ressentiment. Zu Artikulationen dieser Wut, dieses Widerwillens, in Form von Demonstrationen oder Ähnlichem ist es auffälliger Weise nur randweise gekommen. Der Leidensdruck ist offenbar nicht groß genug, die Lage – noch – zu wenig schief. Man hat den Eindruck, dass das politische Establishment nachsorglich die Lage halbwegs stabilisiert hat, einerseits, weil dieser Zorn da war, andererseits, weil die budgetäre Schieflage in vielen Ländern ein sich umschauen nach neuen Geldquellen angeraten erscheinen hat lassen. Moral und Pragmatismus sind hier eine jener Ehen eingegangen, denen man mit Recht, die Grundlage des Bundes ist einfach zu diffus, nur eine kurze Laufzeit voraussagen kann.
Halten wir fest, dass demokratisch verfasstes staatliches Leben sich nicht über das an

sich so erfreuliche Aufzeigen der Basis organisieren lässt, das NGOs zwar etwas Großartiges sind, aber zur Aufrechterhaltung dessen, was man Staat nennt, instrumentell einfach nicht taugen. Traditionell kommt die Organisation der Meinungen im politischen Prozess den Parteien zu. Die oben angesprochenen Manöver zeigen uns deutlich, wozu die bestehenden Parteien fähig sind und wozu nicht. Reaktives Handeln ja, Vorgabe von Bauplänen, Visionen oder Utopien nein. Die bestehenden Parteien sind momentan einfach nicht in der Lage, ein Bild vorzugeben, auf dessen Verwirklichung gemeinschaftlich hingearbeitet werden soll. Man könnte eher zur Überzeugung kommen, dass sie aus Machtinstinkt gerade so viel an Reformen einleiten und so oder so durchführen, wie zum Machterhalt unbedingt nötig ist. Kein Wunder, dass gerade jetzt neue Parteien entstehen, ein Wandel, den man begrüßen kann, wenn auch mit der Einschränkung, dass viele dieser Neubewerbungen entweder auf einer bloßen So-Nicht-Haltung gründen oder sich in populistischem Schmus ergehen.

Frage: Ist eine Re-Ideologisierung der überkommenen Parteien, hier christlich-konservativ, dort sozialdemokratisch-sozialistisch a.) denkbar und b.) überhaupt wünschenswert?

Es liegt auf der Hand, dass das Erarbeiten neuer Zielbilder nicht nur wünschenswert, sondern geradezu unabdingbar, bei bestehendem Potenzial allerdings kaum vorstellbar ist. Mit nostalgischen Rückgriffen, mit frisch aufpolierter Phraseologie ist es für heute nicht getan.

Die Grünbewegung lasse ich fürs Erste außen vor: Am hiesigen Beispiel lässt sich gut ablesen, dass wir, einmal abgesehen vom grünen Grundanliegen, was den Schutz der Umwelt angeht, ein höchst heterogenes Arrangement vor uns haben, in dem sich konservative mit liberalen und sozialen Anliegen munter mischen. Eine konsistente grüne Politik, die alle Felder gleichmäßig abdeckt, ist bei solcher Voraussetzung kaum denkbar.

Um ein Beispiel aus anderer Sphäre herbeizuzitieren: Ist es vorstellbar, dass es Papst Franziskus gelingen kann, seine Kirche zu reformieren, was heißt, sie institutionell, vor allem aber auch ideologisch auf neue Grundlagen zu stellen? Was wir bislang sehen, ist eine Politik der Symbole, verbunden mit zaghaften Ansätzen zu institutioneller Reform. Begleitet wird die Bewegung von meist sympathisierenden Medien.

Ein Vorteil springt gleich ins Auge: Die Machtfülle des Papstes, von der Parteipolitiker und -führer im Normalfall höchstens träumen können. Zu erwarten ist andererseits, dass die Profiteure der alten Strukturen, wie auch nicht und wie üblich, wohl alles daran setzen werden, die Reform zu verunmöglichen, zumindest aber einzubremsen oder zu verwässern. Nehmen wir an, es könnte dem Papst gelingen, sein Haus seinen Zielvorgaben gemäß neu zu ordnen. Nehmen wir an, es könnte ihm gelingen, seine Kirche auf den Kurs der Gerechtigkeit und Liebe – das ist es ja, was ihm vorschwebt – zu bringen. Wir sehen gleich, würden auch gewisse Erneuerungseffekte von einer neu aufgestellten

Führung ausgehen, wäre deren Wirkung ohne das Mitspielen der Medien doch eher beschränkt (Unter Medien verstehe ich auch das Internet).
Wir halten fest – im Laufe dieser Rede werden wir es mehrfach tun – dass idealiter zwar der Einzelne, der einzelne Mensch, das Movens aller Geschichtlichkeit ist und bleibt. In der Massendemokratie modernen Typs sind es aber die Medien, die den sogenannten großen Themen den notwendigen Raum schaffen, die die Debatte am Laufen halten. Das Drohbild von durch die Interessen mächtiger Gruppen gelenkter oder gleichgeschalteter Medien, immer wieder werden wir darauf hingewiesen: Es ist nicht nur ein Bild.
Die Ausgangslage, der wir uns gegenüber sehen, ist also ziemlich komplex: Die Erneuerung der Parteien, insbesondere auch die Gründung neuer, ernstzunehmender Parteien, wäre nur ein erster Schritt, ein zwar wichtiger Schritt, auf dem Weg. Die Begleitung solcher Erneuerungen durch die Medien, und zwar Medien, die wir beherrschen, wäre absolut notwendig.
Die Medien wirken als gesellschaftlicher Transformer, über sie reguliert sich das Zusammenspiel zwischen den Einzelnen, den Gruppen und der Gesellschaft. Deshalb müssen wir stets ein Auge, besser aber zwei Augen auf sie haben. Ursprung und Ausgangspunkt aller Bewegung bleibt doch immer der Einzelne. Noch einmal: Die Parteien gleichsam als Tugend- und Innovationsagenturen. Die Medien als Promulgatoren und Verstärker. Der Einzelne als Anstoßer und dann wieder Mitspieler im von ihm angestoßenen Prozess.
Wir werden sehr klein, wenn wir so denken. Zwar sind wir als Demokraten gewohnt, dem Einzelnen eine zentrale Rolle im gesellschaftlichen Prozess einzuräumen, genauer gesagt, sie für ihn zu dekretieren. Tatsächlich beschleichen uns sofort Zweifel, stellen wir den Einzelnen ins Zentrum: Wie, bitte, soll das denn funktionieren? Wir trauen dem Einzelnen wenig zu. Das ist leider wahr. Gewohnt, uns gedankenlos im Großen und Ganzen aufgehoben zu finden, es für seine Schwächen und Fehler zu kritisieren, es bei Gelegenheit herunterzumachen, ist es uns doch Selbstverständlichkeit, uns damit zu identifizieren. Gerade das aber dürfen wir nicht. Wir müssen als Einzelne heraustreten. Es hilft nichts: Weder die Parteien noch die, scheint's, allmächtigen Medien können uns das abnehmen. Und darin, in jedem Einzelnen von uns mit seinen Möglichkeiten, liegt doch auch Hoffnung.

Das Kapitalismus genannte ökonomische System ist ein Stück Natur in der Kultur, ist ein Stück zugelassener Evolution in einer im Übrigen ganz anders konzipierten menschlichen Gemeinschaft.
Sprechen wir von der schöpferischen Zerstörung, für den kapitalistischen Wirtschaftsprozess typisch, ist damit nichts anderes gemeint als das allgemeine Lebensprinzip, wie es von Darwin definiert wird, angewendet auf das Gebiet der Ökonomie.

Das Neue und besser Realitätstaugliche unterminiert und zerstört ständig das Alte und vergleichsweise schlechter Funktionierende. Der neue Gedanke bringt den zuvor gefassten ins Wanken, die neue Mode lässt die alte überholt aussehen, das durchgreifendere Prinzip weist das beschränktere in seine Schranken.

Kapitalismus, das meint ein ständiges Wetten auf ein besseres, ein schöneres Morgen. Gegenwart ist bloß Aus- und Durchgangslage für stets neue Unternehmungen und sogenannten Fortschritt, pekuniärer Erfolg das wichtigste, oft einzige Kriterium.

Was aber andererseits zu Buche schlägt, wir wollen es nicht vergessen, ist doch der Umstand, dass alle gesellschaftliche Bewegung in den letzten zweihundert Jahren im Wesentlichen versucht hat, die Ideen der Französischen Revolution umzusetzen: Freiheit, Gleichheit, Brüderlichkeit! (Letzteres würde man heute vielleicht Solidarität nennen.)

Der von den Prinzipien der Französischen Revolution vorgegebene Weg, der Weg der Emanzipation und De-Hierarchisierung, ist, wie man leicht sehen kann, unumkehrbar geworden, die Menschheit insgesamt, wenige Ausnahmen zugegeben, ist auf ihn eingeschwenkt.

Ob diese Ideen ohne jede Einschränkung immer richtig und für unsere Art bekömmlich sind? Eine ketzerische, eine unerhörte Frage. Fest steht so viel: Die Macht der Idee liegt ja nicht in ihrer unbedingten Richtigkeit, sie liegt in der möglichen Konsequenz, in unendlicher Ausfaltbarkeit.

Haben wir, um ein Beispiel zu geben, erst die Frauen ihre Rechte erkämpfen sehen, sind die Kinder gefolgt: Kinder haben jetzt Rechte, und es ist abzusehen, dass das Prinzip der Verrechtlichung auf Tiere, auf die Natur überhaupt sich ausdehnen wird.

Exkurs: Fragen wir uns nach dem Wesen der Welt, lautet unsere, im Übrigen eine aus ferner Zeit überlieferte Antwort: Das Wesen der Welt liegt nicht allein in ihrer Substanz, sondern insbesondere auch in der Bezüglichkeit aller Teile. Jene, die bloß die Substanz der Welt sehen, das Erdöl, die Erze, das Wasser und so fort, und rücksichtslos auf sie zugreifen, zerstören damit die Bezüglichkeiten und damit letztendlich die Welt. Zudem haben wir die Maßstäblichkeit zwischen uns und der Welt zu beachten – wer sind wir denn schon? Dass etwa aller Materie Empfindungen beizumessen sind, ist mittlerweile fast schon wissenschaftliches Credo.

Orientieren wir uns einerseits an der sogenannten Natur, was das Konkurrenzprinzip angeht, sollten wir uns andererseits das Prinzip der Kooperation, das ebendort auch herrscht, verstärkt zu Gemüte führen.

Wie die Bäume mit ihrem Schatten die Voraussetzung für das Biotop des Waldes bieten, wie die Meere mit ihrem kalten, kühlen oder warmen Wasser die Grundlage für ein vielfältig differenziertes Leben sind, wie Bienen und Blüten im Zusammenwirken die Früchte hervorbringen – das nenne ich Bezüglichkeit, das nenne ich im

Ergebnis Zusammenwirken, Kooperation. So einfach liegen die Dinge; aber werden sie beachtet?

Ich bin, weiß Gott, kein Freund des Marktes. Was soll aber die Alternative sein? Planwirtschaft, zumindest was ich davon gesehen habe, und ich habe nicht wenig davon gesehen, kann nicht die Lösung sein. Ein Stück weg vom Markt rücken, wie man jetzt öfter hören kann, klingt putzig – aber wie, bitte, soll das funktionieren?
Freilich, man muss den Markt regulieren. Die weit aufgegangene Lohnschere ist zu schließen, die komplett asymmetrisch gewordene Vermögensverteilung ist zu justieren, die Arbeitslosigkeit einzudämmen und so weiter und so fort. Was wir uns aber in Sonderheit und grundlegender überlegen müssen: Welche Gesellschaft wollen wir denn? Welche und wie viel Freiheit wollen wir verlangen? Was kommt dem Einzelnen zu, was der Gemeinschaft? Kann es genügen, da und dort ein bisschen herumzudoktern? Kann man die Möglichkeit, unter verschiedenen Waren zu wählen, etwa auch schon Freiheit nennen?
Die meisten der bislang gemachten Vorschläge stellen darauf ab, die schlimmsten Auswüchse des Marktes abzustellen, das Konkurrenzdenken als zentralen Antriebsmotor aber zu erhalten. Der Wettbewerb soll nicht abgeschafft, er soll bloß auf neue und, wenn möglich, sozial verträglichere Grundlagen gestellt werden. Das Spiel bleibt sich gleich, die Arena und die Regeln ändern sich.
Schumpeter meint, der Kapitalismus sei ein wenig liebenswertes System. Was aber nicht geliebt werde, erledige sich auf lange Sicht von selbst. Katastrophentheoretiker warten auf den Tag X, den Tag, an dem alles von selbst in Scherben fallen wird: Dann wird alles und, eleganter Weise ohne irgendein Zutun unsererseits, anders werden. Wollen wir so lange warten? Wir sollten uns ein wenig umtun.

Vor allem ist es der fundamentale Begriff des Eigentums selbst, der sich zur Überprüfung anbietet. Wie wäre es denn, würden wir den Begriff Eigentum selbst ins Zentrum des Nachdenkens rücken? Der Begriff unterliegt seit jeher einem Wandel: Was wir heute unter Eigentum verstehen, hat etwa mit dem, was die Römer, aber auch was das 19. Jahrhundert darunter verstanden hat, wenig zu tun. Spitzen wir den Begriff Eigentum in Hinsicht auf menschliches Miteinander zu, vertiefen wir die gesellschaftliche Konnotation, kommen wir zum Konzept der Leihe: Was einem gehört, ist ihm bloß auf Zeit geliehen. Auf geliehene Dinge passt man für gewöhnlich gut auf. Ein stärker an das Gemeinwohl zurückgebundenes Eigentum, könnte das ein Weg für uns sein?
Eigentum ist nicht Diebstahl, Proudhon hatte nicht recht. Die Leute etwa von der Give Back-Bewegung haben das besser verstanden: Du bekommst etwas, Du gewinnst etwas, Du gibst etwas zurück.

Nicht Enteignung, Einschränkung der Verfügungsmacht heißt die Agenda. Man könnte ihr dadurch aufhelfen, dass man etwa sagt: So viel hast Du bekommen, so viel hast Du damit erwirtschaftet, so viel gibst Du an Deine Kinder weiter. Das Übrige gibst Du zurück.

Arbeit bleibt das grundlegende gesellschaftliche Konzept, bloßes Ressentiment verblödet, das sei auch gesagt, Leistung muss sein.

Ich begreife meinen Vorschlag als Teil oder Ergänzung einer metaphysikfreien Ethik, einer Ethik, die sich aus dem Bedürfnis nach Gerechtigkeit, Ausgleich und Frieden herleitet.

Wir brauchen die Tüchtigen, die Cleveren, die Einfallsreichen, die Klugen und Findigen, wir brauchen sie sehr – aber über den Tod hinaus?

Fällt einem die Rezeptur für ein neues Krebsheilmittel ein, für unendlich konvertibles Material oder, meinetwegen, die Göttliche Komödie – nun, der Mann/die Frau soll doch belohnt sein! Die Erben aber auch?

Eigentum als Leihe und Verantwortung – für die Sache selbst, aber auch für den Nutzen, den sie bringt oder bringen kann. Man wird sich des biblischen Gleichnis' von den Talenten erinnern: Wer hat, dem wird gegeben – aber eben nur in Verantwortung auf das Größere, das Übergeordnete hin, in unserem Fall die menschliche Gemeinschaft.

Die Folgen dieses Vorschlags auch nur zu skizzieren, dazu würde es eines anderen, eines ausgreifenderen Vortrags bedürfen.

Die wahrscheinlich bedeutsamste Frage allerdings, vielleicht die Schicksalsfrage, die uns heute gestellt wird, ist die, wie wir es mit der Natur halten wollen, mit dem, was jetzt immer noch anthropozentrisch Umwelt genannt wird.

These: Der Zug zur Stadt, zur Mega-City, für den Moment jedenfalls ist er unumkehrbar, ob uns das gefällt oder nicht.

Die Stadt und die große Stadt dazu ist ein Energiefresser ersten Ranges, sie braucht die Versorgung über Massengüterfertigung und Großindustrie, sie braucht zum Funktionieren ein hochentwickeltes Verkehrs- und Geldwesen. Sagen wir große Stadt, Metropolis, meinen wir alle diese Dinge schon mit.

Noch nie war die Menschheit so weit entfernt von dem Wunschbild, in geglückter Harmonie mit der Umgebung zu leben, wie eben jetzt. Wir sehen es, noch mehr fühlen wir es – eben deshalb heißt es, kühlen Kopf zu bewahren.

Wollen wir unter der Annahme, die nähere und weitere Zukunft werde von urbaner Konzentration bestimmt sein, einen neuen Kurs vorschlagen, bleibt uns nur der Eintritt in tausendfältige Operationen, eine Abfolge von hunderttausend kleinen Schritten, die wir mit Erfindergeist vorbereiten und mithilfe der Technik gehen können, mit eben der Technik, die uns die Misere beschert.

Wir müssen uns einmal zugeben, dass Technik für uns unverzichtbar ist. Das meint Technik im weitesten Sinn, das Wissen der Fachleute und Spezialisten jeder Abteilung. Zuzugeben, dass Technik für uns unabdingbar ist, fällt mir schwer – und wohl nicht nur mir. Weshalb ist das so? Alle Formen der Großorganisation, ob das nun Banken, Industrien oder Energieversorger sind, haben die Tendenz, sich von der sie umgebenden Gesellschaft, der sie ja dienen sollen, abzugrenzen, einen eigenen Jargon, eine eigene Sprache und zuletzt auch eigene Regeln zu bilden. Diese Sprachen und Regeln sinken infolge der Bedeutung, die die Versorger für uns haben, bald in die Umgebungen ein. Die Gesinnungen wandern aus, könnte man sagen, dorthin, wo sie nicht hingehören. Was hier geführt wird, ist ein Kampf um die Deutungshoheit und damit um die Zukunft.

Es gibt ein Spannungsverhältnis zwischen Demokratie und Technik, wie es eins gibt zwischen Humanität und Markt.

Stellen wir uns die Gesellschaft als Körper vor, in dessen Leiblichkeit sich Organe, lebenswichtige Organe dazu, tendenziell selbstständig gemacht haben und sich in ihre Umgebungen auswachsen. Das kann nicht gut gehen, da müssen die Folgen verheerend sein – wie man leicht einsehen wird, und wie es leider geschieht. Trotzdem brauchen wir, und da führt kein Weg vorbei, gerade die Mechanismen und Praktiken, die uns durch ihre Übermacht bedrohen, genau diese Werkzeuge brauchen wir, wenn wir auf unserem Weg umkehren, uns eine schönere Zukunft erkämpfen wollen. Freilich, wir müssen sie für unsere Bedürfnisse zurechtbiegen, zurechtrichten. Vor allem dürfen wir nicht glauben, wir könnten als Einzelne so weitermachen wie bisher – die Technik würde die Probleme für uns schon lösen. Nein: Ein neuer Plan, neue Vorgaben müssen her!

Wer soll diesen Plan denn entwerfen, werden Sie fragen, diesen Wandel, die Wende, diese Änderung der Blickrichtung denn bewirken? – Wir selbst! Jeder Einzelne von uns und wir alle miteinander! Tut mir leid: Umdenken müssen wir selbst, wir müssen uns, wie man sagt, ein Herz nehmen: Niemand anderer wird es für uns tun.

„What mad pursuit! What struggle to escape!“, heißt es in einem meiner Lieblingsgedichte von Keats. Ein paar Zeilen weiter schreibt er: „Heard melodies are sweet / but those unheard are sweeter.“

„Welch irres Unternehmen! Und heiß der Wunsch zu entrinnen!“ – wer dächte da nicht an den Zustand der Welt?

„Musik zu vernehmen, ist schön. Doch jener anderen zu lauschen, die nur der Geist hört, ist schöner noch.“

Solche Musik braucht es. Ohne solche Musik wird es nicht gehen.

Unsere Musik heißt Denken. Ihr Zauber besteht einfach darin: Was einmal gedacht ist, gibt es.

ÜBER ZUKUNFT UND ZEITLICHKEIT. ODER: WAS IST EIGENTLICH NACHHALTIG?*

HARALD WELZER

Beginnen wir mit einem Gedankenexperiment und stellen uns den Neubau der Europäischen Zentralbank in Frankfurt, der nächstes Jahr fertig sein wird, im Jahr 2214 vor. Wird er dann noch stehen? Wenn ja, in welchem Zustand? Und wenn ja, wofür wird er stehen? Für eine jahrhundertelange Tradition erfolgreicher kapitalistischer Wachstumswirtschaft? Wohl kaum, denn würde diese in 200 Jahren auch noch erfolgreich sein, wäre das monumentale Gebäude schon mindestens sieben mal abgerissen und neu errichtet worden sein. Die durchschnittliche Lebensdauer von Gebäuden verringert sich ja in der Relation genauso schnell wie die von Gebrauchsgütern anderer Art: Gegenwärtig werden in den deutschen Städten gerade die hochwertigen Funktionsgebäude abgerissen, die in den 1970er-Jahren errichtet wurden, wie zum Beispiel das technische Rathaus in Frankfurt am Main. Künftig werden Häuser einerseits wegen der technischen Innovationsgeschwindigkeit für Heizung, Klimatisierung, Elektronik usw. noch viel schneller außer Funktion gesetzt und abgerissen werden, andererseits aber auch deshalb, weil ihre bauliche und nicht zuletzt auch ihre ästhetische Qualität in kontinuierlichem Sinkflug begriffen ist.

Wenn, um auf unser Gedankenexperiment zurückzukommen, sich die kapitalistische Wachstumswirtschaft allerdings im Jahr 2214 lange schon selbst abgeschafft hat, weil sie die Gesellschaften durch Klimawandel, Ressourcenübernutzung und Gewaltkonflikte zum Kollabieren gebracht hat, dann ist der Kasten, in dem selbstverständlich keine Heizung und keine Klimaanlage mehr funktioniert, vielleicht zu einer vertikalen Favela geworden, einer chaotisch selbstorganisierten Stadt, in der undurchschaubare Gesetze herrschen und nichts repariert wird. So oder so: Es sieht also nicht gut aus mit der Zukunft des prächtigen EZB-Gebäudes, und diese Nachricht ist besonders im Angesicht der Tatsache betrüblich, dass es noch nicht einmal fertiggestellt ist. Aber so betrachtet, könnte man es eigentlich auch gleich sein lassen, es fertig zu bauen. Womöglich wäre das auch in dem Sinne weitsichtig, als man ja auch keine Europäische Zentralbank braucht, wenn der europäische Währungsraum zerfällt, was ja durchaus immer noch im Bereich des Möglichen liegt. Aber: So wenig in unserer Kultur der expansiven und sich immer weiter beschleunigenden Moderne Unterbrechungen oder gar ein Innehalten vorgesehen sind, sondern der Betrieb immer und um jeden Preis auf Hochtouren weiterlaufen muss, so wenig kann sich heute noch irgendjemand vorstellen, dass man ein paar Jahrzehnte oder gar Jahrhunderte an einem Gebäude bauen kann. Undenkbar, ganz und gar.

Naja, so ganz undenkbar ist das eigentlich nicht. Zum Beispiel fand die Grundsteinlegung für den Kölner Dom im Jahr 1248 statt, das Gebäude ist erst sechs Jahrhunderte später fertig geworden. Und noch heute muss ständig am Dom gebaut werden; Säure zerfrisst die Steine, hier und da wird etwas brüchig, eigentlich befindet sich das gewaltige Gebäude wie alle seiner Art in einem beständigen Restaurierungsprozess. Deshalb gibt es auch heute noch einen Dombaumeister. Der steht in einer endlosen Kette von Personen, die dieses hohe Amt über die letzten sieben Jahrhunderte innehatten, und derjenige, der heute für alle Baumaßnahmen am Dom verantwortlich ist, wird viele Nachfolger haben. Die Sagrada Família in Barcelona, vom genialen Baumeister Gaudí vor 130 Jahren begonnen, ist immer noch nicht fertig, gilt aber gleichwohl, gerade in ihrem unfertigen Zustand, als Touristenattraktion ersten Ranges. Vollkommen egal, wann und unter welchen Umständen sie jemals vollendet sein wird.

Das kann man auch mit dem Gebäude der Europäischen Zentralbank gar nicht vergleichen, wenden Sie jetzt zu Recht ein. So eine Kathedrale ist ja kein Funktionsbau, darin wird ja nicht gearbeitet, da wird kein Mehrwert produziert. Stimmt. Und exakt das macht den Unterschied: Wenn ein Gebäude lediglich eine wirtschaftliche Funktion hat, ist sein Ausgangs- und Bezugspunkt die reine Gegenwart: der erwartbare Gewinn und die berechenbare Abschreibung, die unter den investorischen Bedingungen heute anfallen und in spätestens zwanzig Jahren Schnee von gestern sind. Deshalb ist es auch egal, wie das Ding in dreißig, hundert oder zweihundert Jahren dasteht. Zukunft hat es keine, weil es keine in sich trägt.

Ganz im Unterschied zur Kathedrale: Sie hat keine ausschließlich sachliche, sondern vor allem eine spirituelle Funktion, soll über das profane, irdische Dasein hinausweisen und hat daher einen Zeitbezug, der mit Abschreibung, Amortisierung und Rendite nichts zu tun hat. Sie wird in einer langen, generationenübergreifenden Zeitspanne gebaut, und deshalb ist sie den banalen Zwecken der Gegenwart enthoben. Eine Kathedrale, so könnte man es anders formulieren, ist ein Bauwerk, das dem Prinzip der Nachhaltigkeit folgt. Zweifellos ist eine Menge Material, Energie und Arbeit in das Gebäude geflossen, aber in Relation zu seiner Bestandsdauer ist das sehr ökonomisch: so schnell braucht man nämlich keine neue Kathedrale.

So übt man, wenn man heute Dombaumeister ist, eine nachhaltige Tätigkeit aus, weil man sich innerhalb eines Rahmens bewegt, der Jahrhunderte zuvor festgelegt wurde. Natürlich verändern sich die Aufgaben mit der Technik und der jeweiligen Umweltsituation, aber abgesehen davon, ist die Arbeit des Baumeisters eingeschrieben in ein Projekt, dass viele Generationen vor ihm begonnen hat und viele Generationen nach ihm beendet sein wird, falls überhaupt jemals.

Man kann sagen: Das lohnt sich. Der Kölner Dom ist nach wie vor die meistbesuchte Sehenswürdigkeit Deutschlands, nicht nur, weil seine Türme die dritthöchsten weltweit sind. So ein Dom transportiert Zukunft, weil er von einer Glaubensvorstellung getragen ist, die jenseits menschlicher Zeitskalen angesiedelt ist. Aber erstaunlich ist doch, dass so ein altes Gebäude, das weder dem heutigen Zeitgeist noch seinen Funktionalitätserfordernissen, noch seiner ökonomischen Rationalität entspricht, immer noch sprachlos macht, wenn man vor ihm steht oder sich in ihm aufhält. Überhaupt sind ja die Kirchen und ihre Türme nach wie vor fast überall und besonders im ländlichen Raum die Landmarks, die man aus den weitesten Entfernungen sieht, und die, Säkularisierung und Kirchenaustritte hin oder her, von Welten künden, die andere sind als die der Gegenwart. Diese Gebäude haben kein Verfallsdatum.

Ganz im Unterschied zu dem der EZB, in das in der Gesamtbilanz wahrscheinlich erheblich mehr Material, Energie und Arbeit eingeflossen ist, dass aber trotzdem schon nach zwanzig, dreißig Jahren abgerissen sein wird. Ganz zu schweigen von den Instant-Hütten der Discounter, diesen auf Abriss gebauten kulturellen Verfallszuständen, die sich in keiner Weise um ihr jeweiliges Umfeld kümmern und überall, in Innenstädten, Vorstädten, Dörfern, Shopping Malls wie Hütten für Hunde dastehen, zu denen man schlecht sein darf. Sie dienen dem einzigen Zweck, Waren möglichst unaufwendig umzuschlagen, und deshalb sind sie nichts als die reine Gegenwart. Ihre Mitteilung: In dieser Gegenwart geht es um nichts anderes, als Dinge zu kaufen, egal unter welchen Umständen.

Man kann Dom und Kaufhundehütte als diametrale Konzepte darüber verstehen, worum es im Leben geht und welches Verhältnis jeweils zwischen Vergangenheit, Gegenwart und Zukunft herrscht. Die Erbauer des Kölner Doms, der Sixtinischen Kapelle oder der Potsdamer Heilandskirche waren jeweils daran interessiert, ihr Werk für künftige Menschen so bedeutsam sein zu lassen, wie es ihnen selbst erschien: Deshalb spielt es keine Rolle, welche Zeit und welche Mühe in sie eingehen muss. Dasselbe gilt für die Lebenszeit der Baumeister, die ihre Gebäude oft nicht mehr als vollendet gesehen haben. Noch mehr gilt das für die Gartenbaumeister des 18. und 19. Jahrhunderts, die ihre Ideallandschaften in der Imagination entwarfen, dass die Blätter der frisch gepflanzten Bäume in einem hundert Jahre entfernt liegenden Herbst ein genau abgestimmtes Farbspiel zeigen würden. Das ist eine Kalkulation mit den Eigenzeiten und den Eigenlogiken einer domestizierten Flora – aber welche Vorstellungen über die Durchlässigkeit und Unbedeutsamkeit des Gegenwartspunktes kommen darin zum Ausdruck! Ein solcher Park, ein solches Bauwerk werden in eine Zukunft hinein entworfen, und genau damit gestalten sie diese Zukunft mit, verleihen ihr eine historische Signatur.

Das Erlebnis, das man heute beim Durchwandern des Wörlitzer Gartenreichs oder des Babelsberger Parks in Potsdam haben kann, stammt aus einer anderen Zeit und ist zugleich ganz gegenwärtig. Es verbindet Zeitspannen ganz praktisch über viele Generationen hinweg und ist um die Begrenztheit individueller Lebenszeit ganz unbekümmert. Solche Nachhaltigkeit ist ein Beitrag zur Ästhetik des guten Lebens, und zwar deswegen, weil das gute Leben zwingend einen Bezugspunkt hat, der außerhalb seiner selbst liegt. Dieser Bezugspunkt ist Zukünftigkeit, wer man einmal gewesen sein und was man getan haben möchte. Ich glaube nicht, dass man Nachhaltigkeit als Konzept und Praxis jenseits eines solchen Bezugspunktes der Zukünftigkeit definieren oder auch nur verstehen kann. Denn eine kulturelle Praxis, die sich nicht für die Zukunft interessiert, sondern lediglich für die Maximierung des Gewinns in der Gegenwart, kann der Sache nach gar nicht nachhaltig sein. Die Gegenläufigkeit nachhaltiger und nicht-nachhaltiger Praktiken schlägt sich dann auch ganz konkret in der jeweilig damit verbundenen Arbeit nieder.

Die Menschen, die heute im Rahmen der transgenerationellen Zeitlichkeit von Projekten arbeiten, die vor ihnen entstanden sind und nach ihnen bestehen werden, arbeiten in einem völlig anderen temporalen Verhältnis als das Personal in den Kaufhundehütten. Sie arbeiten paradoxerweise an der Zukunft, obwohl sie an Historischem arbeiten. Die nachhaltige Moderne erfordert ein anderes Zeitregime als die expansive Moderne, weshalb man von der Zeitenthobenheit der Dom- und Gartenbaumeister eine Menge lernen kann, was man in Zukunft brauchen wird. Und genau darum geht es: Eine Suchbewegung, die nachhaltigen Praktiken und Strategien gilt, läuft in die Irre, wenn sie nach technischer Effizienz strebt und glaubt, sie könne eine Kultur mit smart meters, Elektrofahrrädern und A+++-Kühlschränken verändern. Nachhaltigkeit ist nicht effizient, und daher lohnt es, sich nach Kulturtechniken und Produkten umzuschauen, die überdauert haben, und sich die Frage zu stellen, wie es möglich war, dass sie überdauert haben. So betrachtet ist die Beobachtung, dass ein Dom kein Verfallsdatum hat, ein hervorragender Ausgangspunkt für nachhaltiges Denken und Handeln. Denken Sie, wenn Sie das nächste Mal einen besichtigen, einfach daran, dass seinen Erbauern die Gegenwart nicht wichtig war, und dass die in ihn eingebaute Zukunft der einzige Grund dafür ist, dass sie ihn heute noch betrachten können.

*Dieser Beitrag ist ursprünglich für den Norddeutschen Rundfunk in der Reihe „Gedanken zur Zeit" verfasst worden.

ZUR ÄSTHETIK DES WEGLASSENS

ANDREA MOYA HOKE

1 DESIGN / TRANSFORMATION

Ich habe zwei aussterbende Berufe erlernt: Ich bin Hutmacherin, genauer Modistin und Industrial Designerin. Wenn man sich hier so umsieht, wird klar, warum ich die Hutmacherei nur noch aus reiner Leidenschaft und als Hobby betreibe. Im Fall von Industrial Design stellt sich die Erklärung schon etwas komplizierter dar. Ich habe mich während und vor allem nach meinem Studium gefragt, welche Aufgaben Design heutzutage eigentlich übernehmen sollte. Das hat mich dazu gebracht, mich theoretisch mit Design zu beschäftigen, um neue Ansätze zu finden, die die Relevanz dieses Berufsfeldes weiterhin gewährleisten können. Die allgemeine Relevanz wird ja momentan weitestgehend mit imaginären Warenwerten aufrechterhalten – diese sind für mich jedoch kein Grund Design zu machen. Also stellt sich die Frage: Was kommt nach Industrial Design? Die Antwort möchte ich mit zwei Beispielen illustrieren. Es handelt sich um zwei Strategien Designarbeit zu leisten, die als *postindustrial Design* bezeichnet werden können: *Open Design* und das Arbeiten in einer *community of practice*. Darüber hinaus werde ich auch noch eine Arbeit von mir vorstellen, die man als *subversives Design* bezeichnen könnte.

2 POSTINDUSTRIAL DESIGN

Manche DesignerInnen versuchen die Relevanz ihrer Arbeit mit der Vorstellung zu untermauern, dass Design dazu dient, Probleme im Alltag zu lösen. Wie gesagt – die wurden eigentlich schon alle gelöst (Ausnahmen bilden technische Geräte, aber die stellen ja eigentlich wieder ein Problem an und für sich dar, von wegen Zeitersparnis etc.). Also bleibt den DesignerInnen von heute nur noch die verzweifelte Suche nach neuen Problemen. Haben sie dann ihrer Meinung nach eines gefunden, lösen sie dieses – wie beispielsweise mit einem Zwiebelschneidegerät, das zwar Zeit beim Zwiebelschneiden spart, jedoch beim Reinigen des Geräts weit über die herkömmliche Dauer vom Zweibelschneiden-und-Messerabwaschen hinausgeht. Auf dieses Problem wird dann wieder reagiert: und zwar mit einem Zwiebelschneiderreinigungsgerät (dieses Beispiel stammt nicht von mir, es stammt von Lucius Burckhardt – aber es trifft den Nagel auf den Kopf). Was dabei herauskommt sind Gegenstände, mit denen man hofft, irgendeinen, noch so kleinen Markt zu erschließen, die aber im Wesentlichen sinnentleert, nach einmaligem Gebrauch in einer Ecke oder am Mistplatz landen. *Dies* ist dann das eigentliche Problem, das es zu lösen gilt! Die Antworten auf solche Fragen wird man als DesignerIn allerdings nicht auf der Ebene der physischen Dingwelt finden. Man wird diese Form von Problemen nicht mit einem weiteren Ding lösen können – auch wenn das Ding manchmal so tut, als könnte es das (Heilsversprechen vom Hybrid-Auto bis hin zum politisch korrekten Kinderspielzeug sind dafür ein gutes Beispiel). Als DesignerIn muss man also vorsichtig sein, dass man nicht mit seiner dinglichen Intervention weitere Probleme innerhalb eines kulturellen Systems erschafft. Also sollte man sich ebenso die Frage nach Unterlassung stellen.

Wie aber reagiert man als DesignerIn auf einen Markt, den man in seinen Grundfesten hinterfragt? Man ändert den Markt – es geht um die Umgestaltung des Marktes. In Bezug auf Design bedeutet das die Umgestaltung der Herstellungsprozesse und der Distributionssysteme. Das Umgestalten schafft man jedoch nicht als einzelner Designer. Auch wenn man transdisziplinär arbeitet, muss man auf die Expertise von Fachleuten zurückgreifen. Die Aufgabe der DesignerInnen besteht aus der Gestaltung des Brückenbaus zwischen unterschiedlichen Disziplinen um etwas Neues – in diesem Fall ein alternatives Herstellungsprinzip – einzuleiten. Ein solches ist zum Beispiel *Open Design*.

3 OPEN DESIGN

Open Design widmet sich der alternativen Herstellung und Distribution von Gütern. Die Distribution erfolgt über den Download zur Verfügung gestellter Dateien, die Herstellung über Selbstbau, eventuell auch in Kooperation mit sogenannten FabLabs, oder man lässt den Bauplan von einem lokalen Handwerker realisieren. *Open Design* eröffnet DesignerInnen die Möglichkeit, Dinge wieder frei zu gestalten, unabhängig von Marketingstrategien und verkaufsfördernden Maßnahmen diverser Hersteller und Vertriebe. Da es sich bei *Open Design* um die Schaffung von Objekten handelt, die den *Open Source* Gedanken verfolgen, entstehen bei dieser Entwurfsstrategie Rahmenbedingungen, die je nach Überlegung und Idee erweiterbar sind (Bsp. ohne Strom/mit Strom, mit Lasercutter, mit CNC-Fräser, 3D-Printer, etc.). Jedoch sollte darauf geachtet werden, dass lokale Materialien zum Einsatz kommen, da dieser Aspekt sinnstiftend dem *Open Design* zu Grunde liegt.

Darüber hinaus werden die Dinge *on demand* hergestellt, also nur wenn wirklich Bedarf dafür herrscht. Dadurch bleibt kein Hersteller auf seiner Überproduktion sitzen. Er muss nicht im Nachhinein sein Produkt teuer bewerben oder gar eine Lobby aufbauen um seine Investitionen wieder hereinzubekommen (Bsp. Energiesparlampe).

Open Design basiert auf der Idee der Wissensallmende. Designprozesse werden geschaffen, die zu einem interdisziplinären Austausch führen und die Weiterentwicklung ohne Einschränkungen (wie beispielsweise durch Patente) fördern sollen. 2012 durfte ich im Zuge des *Vienna Open* Festivals eine Ausstellung kuratieren. Es ging dabei um die Freilegung des Potenzials von *Open Design*. Die Potenziale von *Open Design* liegen in einem kooperativem Arbeiten, das mit individueller Autonomie einhergeht, ein Austausch über Technik, Material und jeweilige kulturelle Relevanz des Entwurfs, ein unverfänglicher Test eines Produktes, welches durch interdisziplinäre Zusammenarbeit optimiert und perfektioniert werden kann.

4 COMMUNITY OF PRACTICE

Für leidenschaftliche GestalterInnen besteht natürlich die Möglichkeit, ohne größerem Distributionssystem zu arbeiten. Dann werden feine, schöne Objekte gestaltet, die als Einzelstück oder in einer Kleinserie, selbst oder in Kooperation mit einer kleinen lokalen Manufaktur oder einem Handwerksbetrieb produziert werden. Die Distribution läuft über Galerien oder alternative Verkaufsräume, die meist über eine zahlungskräftige Kundschaft verfügen. Mit ein wenig Glück werden diese Objekte auch von Designmuseen zur Schau gestellt oder erscheinen als Abbildung in den einschlägigen Magazinen und möglicherweise auch in Büchern – sie tauchen in den Designkanon ein. Darüber hinaus eröffnet diese Form an Designarbeit die Möglichkeit, sich empirisch mit einem Material oder alternativen Herstellungsprozessen auseinanderzusetzen. Bei dieser Vorgehensweise empfiehlt es sich *nicht* als EinzelgängerIn zu arbeiten, sondern in einer sogenannten *community of practice.* In einer solchen kommen freiwillig Leute zusammen um ihr Wissen zu teilen und dieses gleichzeitig zu erweitern.

Ein Beispiel dazu bietet das *Department of Seaweed,* das von Julia Lohmann angestoßen wurde. Julia Lohmann beschäftigt sich vertiefend mit Materialwerten. Seit 2007 arbeitet sie an der Ermittlung des Materialwertes von Algen – von Konbu-Algen um genau zu sein.

Im Dialog mit BiologInnen, AnthropologInnen, TischlerInnenn, Intarsienschneider-Innen, KürschnerInnen und HutmacherInnen bzw. Modistinnen – wie mit mir – ist sie auf der Suche nach praktischen Anwendungsgebieten, in die diese spezielle Algenart Einzug finden könnte. Gleichzeitig versucht sie mit dieser kooperativen Arbeitsweise eigene Verarbeitungstechniken für Algen zu generieren. Die naturwissenschaftlichen Erkenntnisse bilden einen wesentlichen Bestandteil für die Arbeit mit Konbu-Algen, da diese präpariert werden müssen, um sie vielfältiger einsetzbar zu machen (ähnlich wie beim Gerben von Leder, nur nicht so ökologisch bedenklich). Dann beginnt das Experimentieren mit dem Material. Dafür wird mit diversen Handwerkspraktiken gearbeitet, da es bis dato kein Handwerk gibt, das sich auf die Verarbeitung von Algen spezialisiert hat. Im Konkreten bekommt eine HandwerkerIn das Material um es zu nähen, zu spannen, zu prägen, damit Holz zu furnieren, etc. Hierbei wird herausgefunden, welche Einsatzbereiche innerhalb des Handwerks für das Material in Frage kommen. Auch auf neue Technologien wie beispielsweise Lasercutten wird zurückgegriffen.

2012 wurde ich von der *Vienna Design Week* eingeladen, mit Julia Lohmann für drei Tage zusammenzuarbeiten. Unser erstes Gespräch verlief via Skype. Julia erzählte mir von den Eigenschaften des Materials und stellte mir die Frage, welches Material meiner Meinung nach damit kombiniert werden müsste, um einen Hut zu machen. Die traditionellen Hutmaterialien konnten dabei nicht direkt in Betracht gezogen werden, da die ästhetischen Vorzüge des Algen-Materials nicht zur Geltung kommen würden. Ich erinnerte mich aber daran – im Zuge meiner Ausbildung – mit Rattan gearbeitet zu haben. Als wir uns dann in Wien trafen, begannen wir mit Rattan und den Algen *Skin on Frame*-Objekte zu bauen, die weit über einfache Hüte hinausragten. Nach diesen drei sehr intensiven und anregenden Arbeitstagen setzten wir unsere Zusammenarbeit fort. Ich arbeitete mit Julia für eine Woche in Hamburg, dort lud sie mich ein, auch nach London zu kommen, da ihr vom Victoria and Albert Museum ein Studio und ein Stipendium für ein halbes Jahr zugesprochen wurde. Im Frühjahr arbeiten wir gemeinsam am Aufbau des *Department of Seaweed* am V&A in London.

Für diese beiden, heute vorgestellten postindustriellen Designpraktiken wie *Open Design* und das Arbeiten in einer *community of practice* gilt dieselbe Voraussetzung: Jeder und jede Beteiligte ist bereit sein/ihr Wissen preiszugeben und zu teilen, um darüber hinaus mit dem Wissen anderer respekt- und verantwortungsvoll umzugehen.

NO-THING

Die Arbeit mit Julia Lohmann brachte mich dazu, mich wieder dem Material Rattan als Designmaterial zuzuwenden. Meine Überlegungen zu Design münden in einer Kritik, die – wie bereits erwähnt – die Disziplin, wie sie heute ausgeübt wird, grundlegend anzweifelt. Es macht mir großen Spaß Dinge zu entwickeln und zu gestalten. Allerdings kann ich zum Beispiel – durch meine Sicht auf mein Berufsfeld – nicht einfach einen Sessel für die Massenproduktion entwickeln, da ich der Meinung bin, dass es bereits genügend davon gibt und diese in ihrer vielfältigen Funktion und Erscheinung jeglichen Ansprüchen gerecht werden können. Ich meine damit, dass jeder/jede für sich den optimalen Sessel finden wird, ohne dass noch einer neu gebaut werden müsste. Ein Sessel ist ja das Aushängeschild eines/einer jeden Designers/Designerin. In diesem Objekt spiegeln sich der Stil und der Anspruch des/der GestalterIn wider. Also dachte ich mir, sollte ich auch einen machen. Die Diskrepanz, Designerin zu sein und durch meine Sicht auf das eigene Berufsfeld konsequenterweise eben keinen weiteren Sessel bauen zu wollen, machte ich zum Thema. Das Resultat ist ein Sessel, der seiner Funktion als Sitzgelegenheit beraubt wurde und dadurch zu einem reinen Symbol wird.
Design ist eine kulturprägende Komponente innerhalb einer Gesellschaft. Es verändert sehr subtil und fast unbemerkt Handlungen innerhalb eines gewachsenen Systems – es konditioniert. Und dann steht da so ein Sessel, der nicht funktioniert, wie man es von einem solchen gewohnt ist. Wenn dann die Frage nach dem Warum gestellt wird, hat der Sessel seine Funktion meiner Meinung nach erfüllt.

ÄSTHETIK DES WEGLASSENS

KARIN SANDER

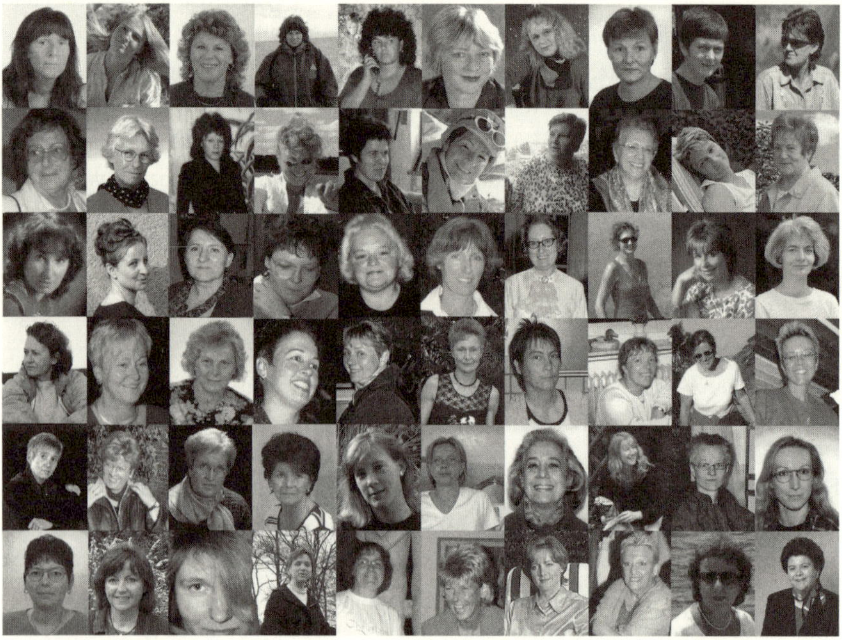

Mein Name ist Karin Sander und diesen Namen teile ich mit all jenen Personen, die Sie hier sehen. Dieser Satz kann ganz unterschiedliche Aspekte und Bedeutungen haben.

„Karin Sander" ist eine Arbeit aus dem Jahr 2002, die aus einer Verwicklung bei einer vorangegangenen Ausstellung entstanden ist. Bei jener Präsentation in einer Privatsammlung wurde auch eine Skulptur von mir gezeigt, und so wurde zur Eröffnung auch Karin Sander eingeladen und eingeflogen. Karin Sander war also gekommen, aber am Ende aller Begrüßungen fragte man sich, warum ich, Karin Sander, nicht da sei, während sich die anwesende Karin Sander fragte, warum sie eigentlich eingeladen worden war und was sie da sollte. Erst in diesem Moment wurde der Irrtum aufgeklärt, dass man offenbar eine andere, falsche Karin Sander eingeflogen hatte und nicht mich. Als ich wenige Tage später davon erfuhr, begann ich mich zu fragen, wie oft es „mich" wohl gibt. Ich fing also damit an, sämtliche Namens- und Adresslisten zu durch-forschen und fand hauptsächlich deutsche, schweizerische und österreichische Personen, die alle Karin Sander heißen. Jede von ihnen bat ich daraufhin, mir ein Foto von sich zu senden. Die 64 Karin Sander-Fotografien, die ich per Post zugeschickt bekam und die Sie hier sehen, sind von den Personen selbst gewählte Porträts aus ihren privaten Archiven, die ich auf gleiches Format abziehen sowie rahmen ließ und in einer größeren Einzelausstellung meiner Arbeiten in der Staatsgalerie Stuttgart im Jahr 2002 zeigte. Zur Eröffnung der Ausstellung kamen rund 20 der 64 porträtierten Karin Sanders; eine hatte sogar Geburtstag und so wurde mir vielfach gratuliert. Auf diese Weise wurde die Ausstellung nicht nur eine Übersichtsschau meines Werkes, sondern auch eine der verschiedenen biographischen Varianten, die unter dem Namen Karin Sander empirisch möglich wurden. Diese Arbeit thematisiert die schmalen Lücken zwischen Biographie, Geschichte, sozialer Situation, Zeit, Ort und Kunst. Der Betrachter beginnt unwillkürlich über all diese Karin Sanders nachzudenken: Wer sie wohl sein mögen, wie ihr Leben wohl aussieht, was sie arbeiten und auch, was sie dazu veranlasste, bei diesem Projekt mitzumachen. So wie Sie jetzt versuchen, sich beim Hören ein Bild von mir zu machen, wer und wie ich wohl sei, stelle ich mir vor, wie Sie jetzt mit all Ihren unterschiedlichen Biographien gespannt hier in Krems versammelt bei der GLOBArt Academy sitzen und sich fragen, ob es Sie wohl auch mehrmals gibt, und wenn ja, auf welche Weise und welche der eingeladenen Karin Sanders jetzt wohl zu Ihnen spricht.

Ich bin jedenfalls die Karin Sander, die bei der damaligen Veranstaltung nicht eingeladen wurde. Als die hoffentlich richtige Person für diese Veranstaltung begrüße ich Sie sehr herzlich und freue mich, die Ästhetik des Weglassens zum Anlass zu nehmen, in meine künstlerische Arbeit einzuführen.

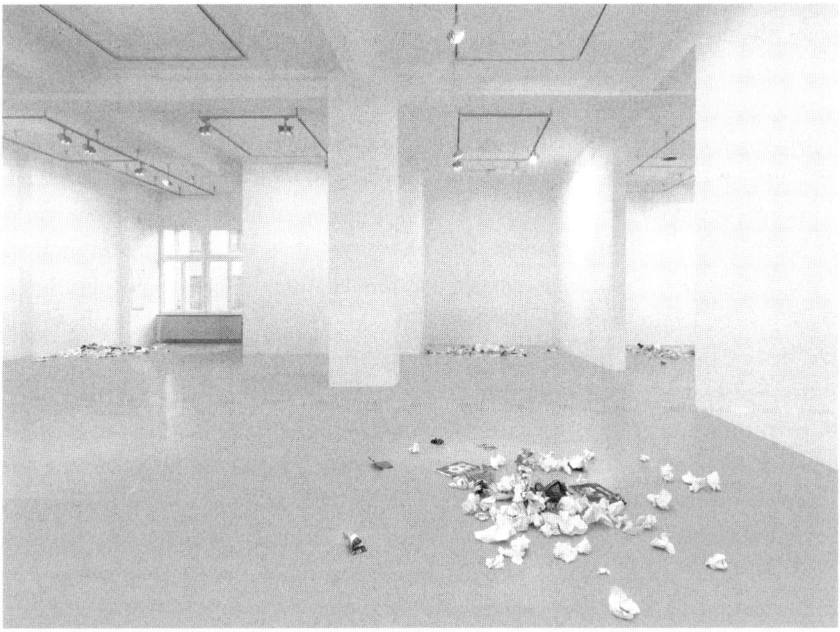

FÜHRT DAS WEGLASSEN ZU EINER NEUEN ÄSTHETIK?

Beginnen möchte ich mit einer Arbeit über die Ästhetik des Wegwerfens, die anlässlich meiner Ausstellung im Jahr 2011 im Neuen Berliner Kunstverein (n.b.k.) realisiert wurde. Für diese Ausstellung wurden Kernbohrungen im Durchmesser von je 30 cm durch die Decke des Ausstellungsraumes und damit in den Fußboden der darüber liegenden Geschäftsräume des n.b.k. ausgeführt – an Stellen wo bisher die Papierkörbe standen. Die Löcher ersetzten diese und verbanden sichtbar die administrative Praxis mit dem Ausstellungsraum. Der Papierkorb war zu einem einfachen Loch in der Decke geworden. Es gab eine Handlungsanweisung an die Mitarbeiterinnen des n.b.k. das Fehlen der Papierkörbe zu ignorieren und die alltägliche Geste des Entsorgens unbehelligt durch die Löcher weiterzuführen. So fiel ständig nutzlos gewordenes Material aus dem Stockwerk der n.b.k.-Administration, wo Ausstellungen vorbereitet werden oder in der Artothek Kunstwerke ausgeliehen werden können, in den Ausstellungsraum und verwandelte diesen in eine sich permanent verändernde und wachsende temporäre Skulptur.
Mit dieser Intervention beschrieb ich den institutionellen Kontext, die beiden Stockwerke wurden miteinander verbunden und die Arbeitspraxis nach unten abgebildet. Das herabfallende Papier – als Zeichen institutionellen Alltags – wurde durch das künstlerische Recyceln zum Gegenstand der Ausstellung. So ließen sich an den wachsenden Papierhaufen (und deren Inhalten) beispielsweise die unterschiedlichen Funktionen der Mitarbeiterinnen ablesen: Sekretärin, Direktor, Praktikant, Presse- und Öffentlichkeitsarbeit.

Meine Arbeiten entstehen meist im Kontext des jeweiligen Ortes und beruhen auf intensiver Recherche zu deren Geschichte und Inhalt. Wo man etwas macht, hat sehr viel mit dem zu tun, was man macht. Dabei greife ich auf Mittel zurück, die im System vorhanden sind und das System gegen sich selbst wenden können. Die Beziehungen zwischen Innen und Außen, oben und unten, zwischen einer Institution und der Öffentlichkeit werden sichtbar, werden lesbar und in ihrer Mehrdeutigkeit gezeigt.

Die Arbeit „Berliner Zimmer" entstand anlässlich einer Ausstellung in der Galerie Esther Schipper, Berlin. Die Galerie befindet sich in einem typischen Berliner Altbau-Apartment mit Stuck an den Decken und verfügt über zwei Ausstellungsräume unterschiedlicher Qualität. Als ich eingeladen wurde, 2012 eine Ausstellung in der Galerie zu realisieren, bekam ich Pläne. Um den Charakter des Berliner Zimmers zu unterstreichen, ließ ich auf der Basis dieser Grundrisse für den ersten Raum einen großen Teppich im Maßstab 1:1 weben. Im zweiten Raum, der ein architektonischer Anbau war und einen völlig anderen Charakter hatte, waren zwei Wände vor dem Einzug der Galerie neu in den Raum gebaut worden, um die Ausstellungshängefläche zu vergrößern. Diese Wände ließ ich umlegen – nach der Ausstellung wurden diese genauso wieder aufgestellt. Durch den Eingriff wurde die eigentliche Architektur dieser Gründerzeitwohnung wieder sichtbar gemacht. Zudem konnten auf der Rückseite der Wände alle Ausstellungen abgelesen werden, die bis dahin stattgefunden hatten, etwa anhand von Schraubenlöchern und deren Sequenzen oder Hängehöhen. Ein Bücherregal, das zuvor hinter einer der beiden Wände angebracht war, lag nun obenauf und wurde zur Skulptur. Zudem wurde die Bürosituation sichtbar und damit die Menschen, die in dieser Galerie arbeiten, zu Performern.

Ein Werk, das mit der Ästhetik der Reduktion zu tun hat, ist die Serie der „Wandstücke" (seit 1994). Üblicherweise werden Kunstobjekte in Museen und Ausstellungsräume hinein getragen. Meine Arbeit beschäftigt sich mit den Wänden in anderer Form. Ich füge nichts hinzu, im Gegenteil, die polierten Wandstücke entstehen, indem dünne Schichten der Wandfarbe mit immer feinerem Schmirgelpapier abgeschliffen werden. Durch das Schmirgeln und Polieren wird eine hochglänzende, spiegelnde Oberfläche geschaffen. Das Bild wird somit nicht durch Auftragen von Material, sondern durch sein Abtragen geschaffen. Die polierte Oberfläche der Wandstücke spiegelt Teile der Umgebung wider und ändert sich je nach dem Standpunkt, von dem aus sie betrachtet werden. Die Oberflächenbeschaffenheit lässt die Grenze zwischen der Massivität der Wand und dem Raum verschmelzen. Im gleichen Verfahren wurde 1994 auch der Project Room im MOMA, New York behandelt. Der Projektraum bzw. die Wandfarbe von Decke und Wänden wurde wie die Wandstücke poliert. Die Dreidimensionalität des Raumes ist definiert durch das Wechselspiel von polierten und nicht-polierten Wandflächen. Der Raum reflektiert den umgebenden Raum – speziell den Skulpturengarten – seine Umgebung und sich selbst.

Eine noch reduziertere Form des Umgangs mit den Ausstellungswänden sehen Sie bei der nächsten Arbeit („Wasser", 1990). Hier wurden die Wände des Ausstellungsraums zur Hälfte mit Wasser gestrichen. Die Arbeit ist für ca. 20 Minuten zu sehen, dann verschwindet sie wieder.

Das polierte Hühnerei ist wie eine Umkehrung des polierten Raumes („Hühnerei poliert, roh, Größe 0" ist 1994 für die Ausstellung „Leiblicher Logos, 14 Künstlerinnen aus Deutschland" entstanden). Das Verfahren, die Oberfläche eines gewöhnlichen Hühnereis mit Schmirgelpapier zu behandeln, auf Hochglanz zu polieren und das Ei anschließend auf einem Sockel zu präsentieren, verwandelt diesen gewöhnlichen Gegenstand in eine fast durchsichtige, transparente Skulptur. Es spiegelt und absorbiert seine Umgebung, und zugleich zeigt es etwas von seinem Inneren – im weichen Hauch von Gelb, das dort sichtbar ist, wo das Ei den Sockel berührt.

Für eine Ausstellung in Berlin im Jahr 2010 habe ich vor Ort lebende Künstler gebeten, mir ein Audio-Stück zu geben, das ihre Arbeit durch das reine Hören sichtbar macht. Im Ausstellungsraum waren die Künstlernamen zusammen mit einer jeweiligen Kennnummer auf die Wand geschrieben. Mittels Audioguides konnten die Besucher diese Werke abrufen.

Und so möchte ich mit einem Zitat von Harald Welzer enden, der mich hier nach Krems eingeladen hat: „Man sieht eine Installation, in der Menschen mit Kopfhörern auf den Ohren vor weißen Wänden stehen und Vorstellungsbilder von Kunst entwickeln, die nicht sichtbar sind, was keineswegs heißt, dass sie nicht da sind."

THINGS I HAVE LEARNED IN MY LIFE SO FAR

STEFAN SAGMEISTER

My grandfather Josef Sagmeister was a trained sign painter and typographer. Coerced by his dad to take over the family store, he consequently practiced his craft only in the evenings and on the weekends. I grew up with many of his pieces of wisdom around our home, traditional Austrian and German black-letter typography carefully applied in gold leaf on painstakingly carved wooden panels.

One of his woodwork signs, still hanging in the hallway of our apartment in Austria, reads as follows:

This house is mine, and it isn't mine
the second one won't own it either,
they will carry out the third one too,
so tell me, my friend, whose house is it?

I am following in his footsteps with these works.

The American artist Jenny Holzer, a kind woman with whom I had collaborated on a CD cover for Riuichi Sakamoto and YMO in the early nineties and whose work I have always admired, represents a later and more highbrow influence. I came of age in touristy western Austria in a small town filled with stores selling kitschy hand-carved signs featuring raunchy bromides. After I left to study in Vienna and then, in the mid-eighties, in New York, the town grew up considerably; it now contains the wonderful Kunsthaus Bregenz, which, besides mounting solo exhibitions for a who's who of international contemporary art, also produced a comprehensive Jenny Holzer show.

After running a design studio in New York for seven years, I decided in 2000 to conduct an experimental year, a year in which I would design no projects for clients but investigate how the work would change with no outside briefs or deadlines attached. Along with the many things I did that year, I kept a diary. I had written one with varying degrees of commitment since I was fourteen and, with additional time on my hands, I could now afford a more in-depth accounting of my thoughts.

When the studio reopened for clients a year later, we started to get job requests with extraordinary amounts of freedom attached. The first one, from .copy magazine, called for the design of six spreads, which would serve as opening pages for the magazine's different sections. The magazine wanted us to fill them with something, anything really. This sounded initially like an exciting assignment – I agreed to it immediately – but filling pages with no brief and no boundaries turned out to be much more challenging that I had naïvely expected.

As the weeks went by and my search for content became increasingly frantic, I wound up looking through that previous year's diary and found a list under the title *Things I have learned in my life so far.* While the list was written down in a hurry, it was straightforward and honest (I try not to lie in my diary). All of the maxims were meant exactly as written, and though some might be banal, they contain no cynicism or mockery.

I picked one of these sentiments – *Everything I do always comes back to me* – divided the words into spreads, and represented them typographically. I purposely avoided turning the typography into a direct reflection of the content (say, by forcing the type into a circle closing in on itself), thinking that, considering the straightforwardness of the sentences, matching straightforward typographic form would create a closed system requiring no mental participation of viewers and consequently leaving them unengaged.

We designed type referencing events, people, and places whose meaning might not be easily recognized by an audience (e.g., the onion rings forming *I do* reference my mentor Tibor Kalman's onion ring collection). Even though I am, in general, not a big friend of ambiguous design ("the viewer can take whatever she or he wants"), in this instance I thought I would leave the system open and create room for an audience to relate.

Here is an entry from my diary written during that experimental year:*

June 30, 2000

Graphic design is a language. So, of course, I can go and learn another language, like film or music (the two holding the biggest interest for me), and after some significant training I'll be able to speak them in a way other people understand (and hopefully find interesting enough to watch and listen to).
Or, instead of learning a new language, I can refine the one that I do know how to speak – graphic design – and, much more importantly, figure out if I actually have something to say. It would be maddening to spend ten years learning how to direct a film only to find out I have nothing to say. It might be more romantic to say "I love you" in French than it is in

Cantonese; nevertheless, it is still possible to say it. It might be more touching to say it in a song than in design, but saying it in design should be achievable, too. And it is possible to say "I love you" even in architecture, as the Taj Mahal proves.

The decision to stick with graphic design, as well as the entire series *Things I have learned in my life so far,* was an outcome of this thinking.

These pieces were designed for non-designers,** commissioned (and paid for) by clients, and executed by a design studio using design tools within media relating to design. With all the talk about the blurring borders between art and design, I still find the two quite separate in New York day-to-day life, each employing its own distribution systems and media. My favorite quote on the difference between the two comes from American minimalist Donald Judd: "Design has to work. Art does not."

If I design a chair and push it to become more and more uncomfortable, gradually minimizing its utility until I cannot sit on it anymore, there will be a point where it ceases to be a *chair* and becomes *sculpture*. The pieces in this publication have to work.

I would very much love to receive any comments a reader might have and promise to answer all e-mail readily. Please send all questions and/or advice to: info@ThingsIHaveLearnedInMyLife.com.
If you have learned things in your life and are willing to share them, please upload them to: www.ThingsIHaveLearnedInMyLife.com.

*Edited for readability
**I have always found design produced for designers – similar to music for musicians and art for artists – sadly insular and consequently boring.

HOW I BECAME FASCINATED BY COMPUTERS

MARKO CALASAN

It all started about ten years ago when I was at the age of three. My parents found out that I always wanted to be near technology and computers. My dad, who is a computer systems engineer, decided to start teaching me the basics of computers. By the age of four I knew how to install a computer and by the age of six I already passed my first Microsoft certificate, which was MCP. At that time I became the youngest Microsoft certified professional and we decided to tell the media about it. I got a lot of worldwide attention, for example "The New York Times" and "CNN" reported about me. I decided to keep on learning about computers and networking. During the next few years I passed many more certificates among which were MCDST, MCSA, MCSE and CCENT. Microsoft Slovenia invited me to do a presentation about Active Directory at the age of seven. But I wanted to do more than that. So I started writing a book about the basics of Windows 7, which was a newly released operating system. I finished my book and sold the rights to the Ministry of Education in Macedonia. The book was not sold to the public but given freely to schools in Macedonia. I launched a project about free e-education for everyone, which was available on the Internet for everyone to see. At Google I was able to present this particular project and I was also able to meet a lot of Google engineers. Several months ago I started writing my second book about Windows 8, written like a cookbook and I additionally started to expand the small library of programming by learning C, C#, and Java in a very short timeframe. The same year I got an offer from a company to make an application. My decision to learn programming in a professional way became real. The John Hopkins CTY summer camp offered me a scholarship, where I learned a lot about cryptology. In the present day, with the publication of my second book impending, I got an e-mail that offered me to go to this convention. I eagerly accepted the offer, intending to come and talk with all the other talented people around the world, sharing some knowledge with them. While I am here, I would like to thank my parents for always supporting me, my friends, and of course all my supporters and fans that always kept me motivated to do more. This was my life story.

DAS GROSSE JA, DAS DOPPELTE JA

SUSANNE VALERIE GRANZER UND MONIKA MEISTER

LECTURE-PERFORMANCE UND GESPRÄCH ZUM THEMA: DER KÜNSTLER SCHLINGENSIEF / ABBRUCH_AUFBRUCH

Das ehemalige Kirchenschiff des Klosters UND wurde für das Publikum der GLOBArt Academy 2013 mit dem Titel ***auf/bruch*** *in einen Zuschauerraum umgewandelt. An seiner Stirnseite ist eine Bühne errichtet und bei der Gestaltung des Zuschauerraumes ist vor allem die Formation der Bestuhlung bemerkenswert: Der freie Gang zwischen den links und rechts an den Wänden aufgereihten Stühlen ergibt mit dem frei gelassenen Weg vom Haupteingang zur vis-à-vis gelegenen Seitenkapelle ein imaginäres Kreuz auf dem Boden des Kirchenschiffes.*
Genau in der Mitte dieses Kreuz-Weges steht ein kleiner, runder, silberner Tisch, auf ihm zwei hohe Gläser gefüllt mit schwarzer Flüssigkeit, bedeckt mit einer weißen Serviette. Etwas entfernt davon auf beiden Seiten je ein Notenpult.
Monika Meister und Susanne Valerie Granzer, beide in weißer Bluse und dunkler Hose gekleidet, beginnen ihre gemeinsame Lecture, der ein kurzes Gespräch folgen wird, folgendermaßen: Sie gehen zu dem silbernen Tisch, legen die weißen Servietten beiseite und gießen die in den Gläsern befindliche Flüssigkeit über ihre Hände, sodass sich diese tief schwarz färben.
Von den Notenpulten aus lesen sie abwechselnd eine Montage über den Künstler Christoph Schlingensief, zusammengestellt aus Passagen seines letzten Buches „So schön wie hier kanns im Himmel gar nicht sein!“[1], Pia Jankes & Teresa Kovacs' „Der Gesamtkünstler Christoph Schlingensief“[2] und Schlingensiefs letzter Eintragung auf seinem Blog[3] vor seinem Tod.

---

1 Cf. Christoph Schlingensief, *So schön wie hier kanns im Himmel gar nicht sein!*, München: btb Verlag 2010.

2 Cf. Pia Janke/Teresa Kovacs (Hrsg.), Der Gesamtkünstler Christoph Schlingensief, Wien: Praesens Verlag 2011.

3 Cf. http://schlingenblog.wordpress.com/2010/08/07/07-08-2010-die-bilder-verschwinden-automatisc/.

LECTURE

Susanne V. Granzer: Mittwoch, 20. Februar 2009. Es gibt auch immer wieder einen Blick auf die eigenen Arbeiten, es taucht immer wieder die Frage auf: Was bleibt denn, wenn man tot ist?

Monika Meister: Heute Abend habe ich mich erneut gefragt, warum das Leid als Währung in unserer Welt nicht wirklich existiert. Es gab doch Zeiten, wo man sich mit seiner Wunde nicht so verstecken musste. Ich weiß nicht, aber vielleicht liegt es daran, dass der Mensch sich diese Markierungen, an denen es für ihn etwas Dramatisches, sein Leben Veränderndes passiert, nicht mehr erlaubt.

Susanne V. Granzer: Dienstag, 11. März 2009. Vor allem muss ich meine Angst in Dankbarkeit umwandeln, Dankbarkeit für den nächsten Tag und die nächsten Ideen, und dafür, dass Aino an meiner Seite ist und ich an ihrer Seite sein darf. Jetzt mache ich das Licht mal aus und schaue, was die Nacht bringt. Gute Nacht.

Monika Meister: Freitag, 21. März 2009. Das Gottesprinzip ist im Laufe der Jahrhunderte zu einem Prinzip der Schuld und des Leidens verkommen. Warum ist das Gottesprinzip kein Freudenprinzip? Warum denkt man nicht an Gott und preist ihn, wenn man sich freut, auf der Welt zu sein, wenn man sich freut, dass tolle Sachen passieren? Warum kommt er immer erst dann ins Spiel, wenn man feststellt: Na klasse, Familie weg und Krebs und wieder kein Sechser im Lotto. Man müsste das Gottesprinzip viel stärker als frohe Botschaft etablieren, als frohen Gedanken, als Freiheitsgedanken, als Friedensgedanken. In jedem Kopf, in jeder Religion, in jedem Wesen, überall. Das war also mein Karfreitag. Jesus, ich denke an dich, danke allen Schutzengeln und allen, die mithelfen. Amen.

Susanne V. Granzer: Sonntag, 27. Jänner 2009. *Sterben* ist wie *Kunst*! Wenn ich mir meinen Tod als Bild vorstelle, sehe ich mich eigentlich immer auf der Bühne, während ich den eigenen Tod als Stück inszeniere: Einer sitzt in seinem Stuhl, die Sterne sind zum Greifen nah, es zirpt, es ist heiß, und er stirbt. Das ist alles, kein religiöses Brimborium, es dauert eine Stunde oder zwei, das Publikum weiß nicht, was das soll, viele machen sich schon vor dem Ende auf den Weg nach Hause, und trotzdem: Das ist im Moment für mich das schönste Bild überhaupt. Zur Zeit habe ich am meisten Angst davor, nicht im eigenen Bild sterben zu dürfen, irgendwelchen Fremdbildern ausgeliefert zu werden. Man will als Lebender eben immer noch Herr der Situation bleiben und sagen: Die Musik läuft, solange wie ich will, und wenn sie ausgeht, bin ich tot. Dann habe ich einen schönen Tod gehabt, und das war's dann.

Susanne V. Granzer: Elfriede Jelinek zum Tod Christoph Schlingensiefs:

Monika Meister: Mit einer so unglaublichen Kraft hat er alle um sich geschart, seine Gruppe Behinderter, / dann auch Schauspielerinnen, Schauspieler, Menschen, / die wie von einer umgekehrten Fliehkraft buchstäblich an ihn herangerissen wurden / (die er an sich gerissen hat), / und mit ihnen hat er Projekte durchgezogen, vorangepeitscht, / auch das Projekt seines Opernhauses in Afrika – / ich dachte immer, so jemand kann nicht sterben. Das ist, als ob / das Leben gestorben wäre.

Susanne V. Granzer: STERBEN LERNEN? Christoph Schlingensiefs Beschäftigung mit dem Tod.

Monika Meister: Ich erlebe die Beziehung zu meinem Gott als Kampfsituation. Anfang des Jahres bekam ich die Krebsdiagnose, seither quält mich die Frage, wer mich da verlassen hat. „Mein Gott, warum hast du mich verlassen" – den Satz kann ich auch mal rufen. Vielleicht habe auch ich Gott verlassen, vorher schon.

Susanne V. Granzer: Aus dem Regiebuch *Sterben lernen! Herr Andersen stirbt in 60 Minuten.* Es ist ein Weinen in der Welt / Als ob der liebe Gott gestorben wär. / Und der bleierne Schatten der niederfällt / lastet grabesschwer / Komm, wir wollen uns näher verbergen / Das Leben liegt in allen Herzen wie in Särgen / Du, wir wollen uns tiefer küssen / Es ist eine Sehnsucht in der Welt / An der wir alle sterben müssen.

Monika Meister: *Carl Hegemann:* Schlingensief war einer der normalsten Menschen, die ich je kennengelernt habe, und er wollte auch eigentlich nichts als Normalität: „Das Normale ist das Höchste, was uns geschenkt wurde oder von den Eltern beigebracht wurde. Nutzt das! Ich kann es immer noch nicht." Aber seine Art Enttäuschungen und Lügen zu verarbeiten, und seine Art, sich durchzusetzen, seine Art Normalität aufrechtzuerhalten, verlangten fortwährend Handlungen von ihm, die jenseits der Normalität und jenseits aller tradierten Normen lagen. Dafür hat er, wie wahrscheinlich alle Künstler, den Ort der Kunst gebraucht, jenes von Schiller so genannte „frohliche dritte Reich, in dem wir von allem, was Zwang heißt, sei es im Physischen, sei es im Moralischen, entbunden sind."

Susanne V. Granzer: 7. August 2010. Christoph Schlingensiefs letzte Eintragung auf seinem Blog:

Monika Meister: DIE BILDER VERSCHWINDEN AUTOMATISCH UND ÜBERMALEN SICH SO ODER SO ! – „ERINNERN HEISST: VERGESSEN !"

Susanne V. Granzer: Da können wir ruhig unbedingt auch mal schlafen!

GESPRÄCH

Monika Meister: Wenn wir das Zentrum oder ein Zentrum der Arbeit von Christoph Schlingensief betrachten, die eine performative war, von Beginn an, in ganz verschiedenen Medien natürlich, aber eben auch das Theater als Mitte gesetzt hat, dann fällt einem auf, dass wir uns anhand von Schlingensiefs Arbeiten einen Begriff in Erinnerung rufen können, der einer der ältesten der Theatergeschichte und der Theatertheorie ist. Ältester meint, kommend aus der griechischen Antike, dem 4. Jahrhundert vor Christus, bei Aristoteles festgeschrieben und das ist der Begriff der Katharsis. Sie kennen ihn alle, haben ihn schon gehört, man liest auch manchmal aktuell in den Medien davon, manchmal wird er sehr oberflächlich verwendet. Wir möchten ganz kurz darauf eingehen, weil man die Arbeit von Schlingensief, bzw. gegenwärtige performative szenische Arbeiten daran diskutieren kann, etwa welche Funktion dem Theater gesellschaftlich, politisch zukommen könnte.
Aristoteles hat ca. 336 v. Chr. in seiner berühmten Schrift „Poetik" nicht nur über die Dichtung nachgedacht, sondern deren politischen Kontext mitreflektiert. Aristoteles war Schüler von Platon. Platon hat das Theater und die Künste aus seinem Idealstaat verbannt. Das ist zumindest eine Lesart von bestimmten Texten Platons. Aristoteles als Schüler Platons will genau dieses Theater als politische, gesellschaftliche Institution, als öffentliche Institution, in seinem idealen Bild der Polis verankern. Das Zentrum dieser Theorie ist das Denken darüber, welche Funktion der Tragödie zukommt. Wenn ich Tragödie sage, erinnere ich Sie an den Tragödiendichter Aischylos, die „Orestie" und damit an eine Formstruktur der Tragödie, die Trilogie. Wir haben nicht mehr viele Tragödien erhalten, aber die, die wir kennen, werden bis heute gespielt, in höchst unterschiedlichen Interpretationen. Die großen Tragiker Aischylos, Sophokles mit seinem „König Ödipus" und Euripides. Die Tragödie ist eine Kunstform, die den Mitgliedern der Gesellschaft eine Art emotionale Verarbeitung anbietet. Es geht Aristoteles darum, ein Zuviel und ein Zuwenig an Emotionen mittels des Theaters zu regulieren. Das sind die Grundlagen unserer abendländischen Theatergeschichte. Katharsis bedeutet, – da gibt es, Sie wissen das, ganze Bibliotheken, die sich mit der Katharsis auseinandersetzten – Reinigung, so wird es in klassischer Weise übersetzt. Reinigung, vor allem in der griechischen Antike verstanden als Reinigung zweier Emotionen, zweier Affekte: *eleos* und *phobos*. Aristoteles entwirft in seinem Denken

eine Affekttheorie des Menschen, was ganz wichtig auch im Zusammenhang der Konstitution des antiken Theaters ist. Aristoteles erkennt als einer der ersten Philosophen, dass die Emotionen, die Affekte für den Menschen absolut bestimmend sind. Es geht also nicht nur um den Logos, sondern ebenso um die Affekte. Und dafür ist das Theater da. Diese affektive Verwandlung „schlechter" Emotionen in ein Maß zu bringen. In ein Maß, das den Bürger der jungen Demokratie Athens mitleidsfähig und teilhabekompetent macht. Im Begriff der Katharsis sind die zwei griechischen Begriffe *eleos* und *phobos* beinhaltet. *Eleos* wird von Lessing im 18. Jahrhundert als Mitleid übersetzt. Ich finde das eine sehr interessante Diskussion im Moment, weil wir heute einen Mitleidsbegriff haben, der natürlich mit dem von Lessing nur mehr wenig zu tun hat. Oder mit dem in der Renaissance gebildeten der *compassio*, der umfassenden emotionalen Teilhabe. Mitleid wird bei uns sehr oft umgangssprachlich abgewertet. Man könnte an diesem Mitleidsbegriff ganz neu zu denken beginnen; in Schlingensiefs Arbeit ist das übrigens der Fall. Der andere Begriff, der in der Katharsis bei Aristoteles eine Rolle spielt ist *phobos*, Schrecken, Furcht. Also Mitleid und Furcht sind die beiden Begriffe und Kategorien, die von Lessing so übersetzt worden sind. Da kommt natürlich, das will ich jetzt nicht ausführen, die jahrhundertealte Tradition der Interpretation der Katharsis dazu und die zweite Hälfte des 18. Jahrhunderts mit seinem aufgeklärten Humanitätsideal. Man könnte die zwei Begriffe auch viel radikaler fassen, was bestimmte Philologen tun. Zum Beispiel *phobos* als Schrecken, als absoluter, viel heftigerer Begriff.

Diese Katharsis nun steht im Zentrum dessen, was die Funktion und die politische Bedeutung der Tragödie umfasst. Aristoteles schreibt in der „Poetik": die Tragödie ist dazu da, Furcht und Mitleid zu erregen und uns von diesen Emotionen zu reinigen. Von einem Zuviel. Es geht nochmals festgehalten, um ein harmonisches Maß der Affekte.

Das wäre jetzt so ein Zentrum, wo wir ansetzen könnten, und wir haben uns das immer wieder überlegt, und natürlich gibt es viele ForscherInnen zu Schlingensief und ganz viele hoch interessante Beiträge, die das ja auch aufnehmen. Denn bei Schlingensief spielt, vor allem in der letzten Phase seiner Arbeiten, der Schmerz eine ganz zentrale Rolle. Auch der Begriff des Schmerzes, lassen Sie mich das noch kurz sagen, verweist auf ein altes griechisches Wort, das ebenso mit der Tragödie in Zusammenhang steht, konstitutiv ist für die Tragödie, und das ist das Pathos. Die Tragödie erzeugt Pathos, und das nicht in einem umgangssprachlichen Sinn, sondern in jenem die Wurzel menschlicher Existenz erfassenden. Die existenzielle Verfasstheit des Menschen betreffend, die natürlich darin besteht, dass wir endlich sind. Jede Tragödie der Antike fragt nach dieser Endlichkeit, nach diesem Prozess des Endens, befragt den Tod und damit das Rätsel des Lebens.

Wenn wir uns die Arbeiten von Christoph Schlingensief anschauen, wenn wir nachher diskutieren, wie Religion und Wissen und Kunst zusammenhängen, ist gewiss die ästhetische Artikulation des Schmerzes ein ganz wesentlicher Punkt, der im Theater ursprünglich verhandelt wurde.

Susanne V. Granzer: Während Monika Meister gesprochen hat, ist mir spontan zu dem Begriff *harmonisch*, den sie im Zusammenhang mit Aristoteles erwähnt hat, Folgendes eingefallen. In der griechischen Mythologie wird von *Harmonia* als der Tochter des Kriegsgottes Ares und Aphrodite, der Göttin der Liebe und Schönheit gesprochen. Wichtig ist dabei, dass *Harmonia* nicht ehelich, sondern in einem Seitensprung von Ares und Aphrodite gezeugt wurde. Das wollte ich kurz erwähnen, denn diese Herkunft signalisiert im Unterschied zum common sense in unserem heutigen Sprachgebrauch, dass es im Wort Harmonie nicht primär um die Beschwichtigung oder Aufhebung von Differenzen geht, sondern um Brüche, Ehebruch, Kampf und Streit im Gegensatz zu Liebe. Harmonie bringt im Mythos diese Widersprüche zusammen. Sie bleiben in ihren unvereinbaren Differenzen bestehen und generieren trotzdem gemeinsam Zukunft. So könnte man interpretieren und das zielt auf ein anderes Verständnis von *harmonisch* als die jetzt gängige Lesart.
In der *griechischen Tragödie* steht für eine entscheidende Wende das Wort *Peripetie*. Es bezeichnet ein unerwartetes Unglück oder auch Glück, einen plötzlichen, radikalen Umschlag im Handlungsablauf eines Schicksals. Aber – und das ist das Tragische von dem ich zu sprechen versuche, dieser Umschlag muss sich ereignen, er kann *willentlich* weder herbeigeführt, noch verhindert werden.
Vielleicht könnte man in diesen Zusammenhang auch das heurige Thema der GLOBArt Academy stellen, das sich am Titel *auf/bruch* orientiert. Transportiert seine Schreibweise nicht durch die Trennung innerhalb des Wortes einen Doppelsinn? Einerseits wird in *bruch* ein Dilemma angesprochen, jemand bricht sich das Bein oder gar das Genick, andererseits klingt in *aufbruch* Hoffnung an, eine Möglichkeit oder sogar Zukunft bricht auf. Beides haben wir nicht selbst in der Hand. Nun sind wir aber alle Kinder der Aufklärung, deren Selbstverständnis es ist, ein freies, autonomes Subjekt zu sein, das frei über sich verfügen kann. Ergibt das nicht eine Art tragischen Widerspruch, weil diese Interpretation ausblendet, dass wir letztlich die Welt nicht im Griff haben? Stichwort Wirtschaftskrise 2008. Vergisst das Subjektdenken nicht die mediale, passive Seite unserer Existenz, die Bedeutung von Subjekt im Sinne von sub-iectum, das heißt, vergisst sie nicht auf dasjenige, das unserer Existenz zu Grunde liegt, das, was wir *nicht selbst* geschaffen und hergestellt haben? *Seins/Vergessenheit* ist hier für mich ein treffendes Wort wie Beispiel und macht das Dilemma anschaulich. Denn wir können *Seins/Vergessenheit* zwar diagnostizieren, aber im Gegenzug dazu *Seins/Erinnerung* nicht willentlich verordnen. Das entzieht sich unserer Machbarkeit, auch wenn wir alle Kräfte dafür mobilisieren sollten.

Es gibt eine kleine, sehr schöne Schrift von Jean-Luc Nancy. Sie heißt „Nach der Tragödie". Nancy nimmt darin Bezug auf das Theater und soweit ich ihn verstanden habe, diagnostiziert er, dass sich bereits in der griechischen Tragödie das Wort im Theater nur mehr an die Abwesenheit der Götter richtet und das heißt zugleich, dass es nur mehr zwischen den sterblichen Menschen ausgetauscht wird, die alleine, die nur mehr unter sich sind. Ein Ereignis, das der Mensch primär nicht verursacht hat, sondern in das er hineingeboren wurde, das geschieht, ob er will oder nicht.
In welche Epoche sind wir hineingeboren und welche Diskurse sind jetzt an der Macht? Mir scheint, dass direkt oder indirekt in vielen Beiträgen in den letzten Tagen von der global agierenden Metasprache der Ökonomie als „Geschick einer Zeit" die Rede war und ohne deswegen in irgendeiner Weise resigniert zu sein, erhebt sich aus dem Gesagten nicht die Frage nach Macht und Ohnmacht im Sinne eines *auf/bruchs*?

Monika Meister: Da gibt es jetzt noch einen wichtigen Terminus, der uns vielleicht in der Diskussion dann auch beschäftigen wird. Uns ist aufgefallen, dass es in den letzten Arbeiten von Schlingensief, – ich sage immer die letzten, weil sich da etwas unglaublich konzentriert bei Schlingensief – häufig um die Kategorie der Autonomie geht. Dieser Begriff der Autonomie taucht in unterschiedlichen Konstellationen auf und bleibt ein höchst ambivalenter. Wie fasst Schlingensief die Autonomie? Er sagt zum Beispiel in einem seiner letzten Texte: Das einzige, was wir an andere weitergeben können, wenn wir tot sind, ist unsere Autonomie. In seinem großen Oratorium „Eine Kirche der Angst vor dem Fremden in mir" (2008), einer auf liturgischen Strukturen basierenden Installation von Prozessionen, Gebeten und Litaneien, kommt er auf die Autonomie zu sprechen. (Eine berühmte Passage, die auf Joseph Beuys verweist: es wird der Verwesungsprozess eines toten Hasen in einer Zeitrafferprojektion gezeigt – den Schlingensief übrigens in seiner Parsifal-Inszenierung in Bayreuth eingespielt hatte und die einigermaßen skandalös war – wir sehen, wie dieses Gewebe zerfällt und dann sozusagen zu anderem wird, nämlich zu dem, was als Zerfressenes übrig bleibt.) Wie auch immer, will ich darauf hinweisen, dass Schlingensief Jesus am Kreuz nicht nur sagen lässt „Mein Gott, warum hast du mich verlassen?", sondern ihm auch die Worte „Ich bin autonom" in den Mund legt.
Das heißt, dieser Begriff der Autonomie ist auch etwas ganz wichtiges für unseren Diskurs über das, was Aufbruch sein könnte.

Susanne Valerie Granzer: Ja, Autonomie und was Schlingensief darunter verstanden hat, war eine Diskussion zwischen Monika Meister und mir. Ich würde gerne den Widerspruch zu unserem Anspruch auf Autonomie an einem alltäglichen Beispiel beschreiben: Müssen wir nicht Abend für Abend auf unsere Autonomie verzichten, wenn wir einschlafen? Sonst können wir nämlich nicht einschlafen. Ich kann mir nicht befehlen, einzuschlafen. Das klappt unter Garantie nicht. Ich muss mich vielmehr dem Schlaf anheimgeben. Ich kann nicht schlafen wollen, das weiß jeder, sonst entzieht sich der Schlaf, dieser kleine Bruder des Todes. Am Spannendsten ist die Phase des Tiefschlafs, in der wir nicht einmal mehr träumen, in der also auch unser Unterbewusstsein, das im Traum aktualisiert wird und in Träumen zu uns spricht, schweigt. Genau für diese Phase des Tiefschlafs erhebt sich doch die Frage: Wo bin ich denn dann? Das ist deswegen so aufregend und eine Entdeckung für mich, weil genau diese Zeit des Tiefschlafs die Zeit unserer Regeneration ist. Wird der Tiefschlaf willkürlich außer Kraft gesetzt, als Folter, als Qual, das gibt es ja alles, dann erleiden wir Schaden. Aber welche Kraft regeneriert uns ausgerechnet dann, wenn wir nichts, aber auch gar nichts mehr von uns selbst wissen? Und wieso können wir, oder wieso werden wir, oder genauer gesagt von welcher Instanz, von welchem schöpferischen Vermögen werden wir wieder in unsere Vitalität zurückgerufen, aus dem Schlaf und dem Tiefschlaf? Das ergibt noch einmal die Frage nach unserer Autonomie und wenn Christoph Schlingensief Christus vom Kreuz herunter rufen lässt „Ich bin autonom!", dann habe ich das letztendlich so zu verstehen versucht, dass er vielleicht meinen könnte, dass unsere höchste autonome Freiheit darin besteht, sie freiwillig aufzugeben. Die Konsequenz davon wäre, das jeweilige Leben, so wie es eben ist, zu bejahen. Das könnte eventuell ein Schlüssel zu Schlingensiefs Verständnis von Autonomie sein. Aber Monika Meister und ich erhoffen uns von dem nächsten Vortrag und der anschließenden Diskussion mit Johannes Hoff, Eva Schlegel, Sarah Spiekermann und Johannes Stüttgen ein Mehr an Wissen oder eine Interpretation über diese wichtige Thematik im Werk Christoph Schlingensiefs.

Nun darf ich Johannes Hoff zu seinem Vortrag über den Künstler Christoph Schlingensief ankündigen. Er ist Professor für Systematische Theologie an der University of London und hat Schlingensief gut gekannt. Vielleicht nur soviel. Alles Weitere soll den eigenen Worten Christoph Schlingensiefs überlassen werden. Aus diesem Anlass werden wir nun eine kurze Passage aus dem letzten Auftritt Christoph Schlingensiefs am Akademietheater in Wien, knapp vor seinem Tod 2010 einspielen – und damit er uns, den wir ja nicht mehr leibhaftig sehen können, aber dessen Stimme wir sehr wohl noch hören können, besser gegenwärtig wird, darf ich Sie alle ersuchen, jetzt die Augen zu schließen. (Einspielung der Stimme von Christoph Schlingensief): „Augustinus – der erste schwarze Performance-Künstler. Das ist eine wirklich interessante Botschaft, die Johannes Hoff verkündet hat. Das ist ein Systemtheologe, der mir aus dem Schlimmsten herausgeholfen hat und zwar bei der Frage nach Gott. Ich habe jetzt den Krebs eigentlich durch die Tablette erst mal im Griff. Also ist er auch nicht mehr Hauptthema bei meinen Arbeiten. In Zürich hieß das schon *Sterben lernen!* und die Hauptperson war Jean Chaize und der hieß da eben Herr Andersen.

Das heißt, es ist schon der Andere. Ich kann also ein bisschen so gucken auf den Anderen, der Krebs hat, bin nicht mehr selber derjenige und da guck ich jetzt hin. Und da kommen dann die Fragen, aber was mach ich jetzt mit Gott? Was ist eigentlich mit meinem Gottesbild passiert? Wieso glaube ich eigentlich gar nicht mehr an diese Religion? Wieso hab ich immer das Problem, dass Jesus und Maria Krippenfiguren sind. Da ist der Esel und der Ochse und dann hab ich da noch Maria und so. Aber es hat mir in der Krankheit überhaupt nicht in der Form helfen können und es hat mir vielleicht im ersten Moment geholfen, dann habe ich aber nachgedacht und dachte ich will ja auch streiten. Ich muss auch streiten, aber eigentlich darfst du nicht, weil du musst ja eher bitten, dass es besser wird. Jetzt verscherz dir nix da oben. Und diese ganze Spur im Kopf ist immer schlimmer geworden, immer schlimmer, bis ich dann eben mit der Nachricht, dass wieder neue Metastasen da sind wirklich durchgedreht bin und dachte, dass geht jetzt gar nicht mehr so weiter. Dann hab ich eben Carl Hegemann angerufen und hab gesagt: ‚Carl, du musst mir helfen! Ich brauche jetzt echt Rat, weil ich komme mit diesem Gottesbegriff nicht mehr weiter. Ich dreh richtig am Rad.' Und dann hat er diesen Johannes Hoff angerufen, der in Deutschland nicht unterrichten darf, weil der Bischof das nicht mag. Johannes Hoff ist ein orthodoxer, linker Theologe, der Systemtheorie betreibt und sich vor allem um Cusanus und Meister Eckhardt kümmert."

„WER BIN ICH UND WARUM?“ IM TOTALCRASH AUF SPURENSUCHE MEINE BEGEGNUNG MIT SCHLINGENSIEF

JOHANNES HOFF

Christoph Schlingensief begann seine Karriere als Performance-Künstler in Oberhausen – als Messdiener an der dortigen Herz-Jesu-Kirche. Religiöse Motive durchziehen auch seine späteren Inszenierungen. Für sein Fluxus-Oratorium „Eine Kirche der Angst vor dem Fremden in mir“ im Rahmen der Ruhrtriennale 2008 hatte er sogar die Kirche seiner zwölfjährigen Messdienerzeit nachbauen lassen. Der preisgekrönte Schlingensief-Pavillon auf der Venedig Biennale 2011 rückte diesen Bühnenaufbau ins Zentrum einer nunmehr unbespielten, postumen Schlingensief-Installation. So stellte Schlingensiefs Beerdigung in der Herz-Jesu-Kirche am 29. August 2010 in gewisser Weise den letzten *bespielten* Akt seiner Performance-Karriere dar. Die versammelte Gemeinde sang vor Christophs Sarg Marienhymnen, dieweil Helge Schneiders abschließendes Orgelspiel die für die meisten seiner alles andere als katholischen Freunde unvertraute Situation auf den Punkt brachte: mit einer Mischung aus festlichen Orgelklängen, Schönberg und Wiener Walzer, während der Sarg herausgetragen wurde und ein wenig schwankte.

An den religiösen Motiven in Schlingensiefs Werk scheiden sich die Geister. Sind sie, wie Boris Groys meint, in die Serie modern-avantgardistischer Versuche einzuordnen die Religion durch Kunst zu beerben? Oder sind sie als Spuren einer genuin katholischen Spiritualität zu deuten, in der die verdrängten religiösen Wurzeln moderner Avantgarde-Kunst authentisch wiederkehren? Vor dem Hintergrund meiner Begegnung mit Christoph Schlingensief im letzten Jahr vor seinem Krebstod werde ich in meinem Vortrag auf Spurensuche gehen, und eine Antwort auf diese Frage zu geben versuchen.

Christoph hatte Krebs, und das war für ihn eine spirituelle Herausforderung – ganz so, wie man das aus der Tradition biblischer „Nervensägen Gottes“ kennt; von Elia und den Fluchpsalmen Davids, bis hin zu Amos, Jeremia und Ezechiel. Bei Christoph klang das dann so: „Jesus ist trotzdem nicht da. Und Gott ist auch nicht da. Und die Mutter Maria ist auch nicht da. Es ist alles ganz tot. (…) Die ganze kleinbürgerliche Kacke ist nicht mehr da. (...) Amen.“

Irgendwann im September 2009 begann Christoph seinen Freund Carl Hegemann zu malträtieren. Er brauche einen Priester, mit dem er reden könne, „aber keinen der frommes Zeug sagt! – sonst muss ich kotzen.“ Da hat Carl, ein Ex-Messdiener wie Christoph, über eine gemeinsame Bekannte den Kontakt zu mir hergestellt. Ich habe einen Priester als Gesprächspartner empfohlen. Aber Christoph sagte: „Warum kommt der nicht selbst?“

Ich war damals zu einer Vortragsreise in Korea eingeladen. Doch mit Unterstützung meiner Gastgeber gelang es mir, die Reiseroute zu ändern, und über Heathrow nach Berlin zu reisen. Dort haben wir dann an Christophs Küchentisch den ganzen Tag über Gott und den Tod, Kunst und Spiritualität gesprochen.

Aber natürlich konnte man bei Christoph das Private nicht vom Künstlerischen trennen. Christoph hat vielmehr alles mit seinem Diktiergerät aufgezeichnet, und abtippen lassen. Dieses Material hat er dann in seiner nächsten Inszenierung als Improvisationsvorlage genutzt – dem Stück *Sterben lernen!*, das zwei Monate später am Theater Neumarkt in Zürich aufgeführt wurde. Das war unsere erste Begegnung.

In der folgenden kurzen Zeit unserer Freundschaft bis zu Christophs Tod im August 2010 war es unmöglich, spirituelle Begleitung und künstlerisch-intellektuelle Kooperation voneinander zu trennen. Im Prinzip ist das sogar bis heute so geblieben – obwohl mir zuweilen erst im Nachhinein bewusst wird, wie tief sich unsere Gespräche selbst in meine akademische Publikationen eingeprägt haben.

So erreichte mich z. B. vor einem Jahr eine Anfrage des Kiwi Verlags, ob ich damit einverstanden sei, dass einige unserer E-Mails in Christophs Autobiographie eingearbeitet würden.[1] Darunter befand sich auch Christophs Zusammenfassung meiner ersten E-Mail über Cusanus, einen Philosophen und Mystiker des 15. Jahrhunderts. Ich war damals gerade damit beschäftigt, die Einleitung zu meinem Buch *The Analogical Turn* zu schreiben, das sich ebenfalls mit Cusanus auseinandersetzt.[2] Da wurde mir plötzlich klar, dass ich in meinem Buch eigentlich nur Ideen durcharbeitet habe, die zum ersten Mal in unserem Gespräch am Küchentisch aufkamen.

MODERNE KÜNSTLER SIND NARZISSTISCH – DA MUSS MAN WAS MACHEN

Moderne Künstler, so hatte Christoph mir dort bereits beim ersten brodeln der Kaffeemaschine erklärt, moderne Künstler lebten in einer narzisstischen Traumwelt. Carl Hegemann, der in der ersten halben Stunde auch noch dabei war, meinte, das sei doch wohl normal; aber Christoph konnte sich damit nicht abfinden. Das sei „alles andere als normal", da müsse man was machen! Christoph hatte recht. Moderne Narzissten sind Menschen, die nur das als wirklich akzeptieren, was sich auf kontrollierte Weise sichtbar machen lässt. Der moderne Narziss glaubt nur das, was er unter Kontrolle hat! So funktioniert ja auch unser neuzeitliches Wissenschaftsverständnis: Was sich nicht auf kontrollierte Weise visualisieren lässt, gilt als inexistent. Aber die egozentrische

1 Cf. Aino Laberenz (Hrsg.), *Christoph Schlingensief. Ich weiß ich war's*, München: KiWi 2012.
2 Cf. Johannes Hoff, *The Analogical Turn. Re-thinking Modernity with Nicholas of Cusa*, Grand Rapids: Eerdmans 2013.

Obsession mit kontrolliertem Wissen hat natürlich ein Problem: Es gibt immer etwas Unsichtbares, das unserer Kontrolle entgleitet.

Das war die erste Spur, die uns in den folgenden Monaten unserer gemeinsamen Spurensuche begleitete. In seiner Autobiographie bezeichnet Christoph diese Spur sogar als den Nerv seines gesamten Lebenswerks: „Ich glaube vor allem wollte ich das Unsichtbare sichtbar machen. Wenn's gut lief hat man plötzlich das Gefühl man sieht was".[3]

Meine bereits erwähnte erste E-Mail an Christoph drehte sich um dieses Thema. Anknüpfend an unsere Gespräche am Küchentisch hatte ich Christoph dort von Cusanus' kleinem Buch *Über das Schauen Gottes* erzählt.[4] Näher geht es in diesem Buch um einen sogenannten Allsehenden, also eine jener Christusikonen, die einen immer ansehen. Wo auch immer ich hingehe, der Blick des „Allsehenden" folgt mir dorthin.

Cusanus hatte eine solche Ikone an die Benediktiner des Klosters Tegernsee gesandt, und in seinem Begleitbuch auf die narzisstischen Züge dieses Bewegungsszenarios aufmerksam gemacht: Einem Spiegelbild vergleichbar, scheint der Blick des Allsehenden mir so zu folgen, als könne ich selbst bestimmen wohin er sich bewegt. Cusanus lieferte seinen Freunden gleichsam ein ideales Experimentierfeld für narzisstische Kontrollfreaks.

Doch seine mystagogische Gebrauchsanleitung zur Schau Gottes blieb an diesem Punkt nicht stehen. In der Einleitung zu seinem Buch fordert er die Mönche vielmehr auf, nach einer Phase schweigenden Betrachtens miteinander zu sprechen. Folgten sie dieser Anweisung, so würden sie entdecken, dass der Blick der Allsehenden auch den Bewegungen anderer Mönche folge, selbst wenn sich diese in entgegengesetzte Richtungen bewegten.

Sobald die Mönche das realisieren, merken sie, das ihr Blick nicht allmächtig ist: Das Unsichtbare wird sichtbar, sobald ich entdecke, dass der blinde Fleck meiner eigenen Wirklichkeitswahrnehmung sich im Blick des anderen widerspiegelt.

Postmodernen Menschen ist diese Choreographie aus den Filmen Alfred Hitchcocks geläufig: Das Unsichtbare wird sichtbar, sobald ich realisiere, dass das was ich sehe zugleich aus einer Perspektive gesehen wird, die mir selbst unzugänglich ist. Bei Hitchcock ist dieses Szenario allerdings beängstigend, denn es hat nur den Charakter einer virtuellen Realität – man sieht bei Hitchcock, dass das potenzielle Opfer, mit dem sich der Zuschauer identifiziert, gesehen wird; aber man kann diesem unsichtbaren

3 Aino Laberenz (Hrsg.), *Christoph Schlingensief. Ich weiß ich war's,* München: KiWi 2012: 46.

4 Cf. Nikolaus von Kues, *De visione Dei / Das Sehen Gottes.* Übers. von Helmut Pfeiffer, Trier: Paulinus 2002.

Blick kein Gesicht zuordnen. Das Unsichtbare wird nicht sichtbar, es bleibt unsichtbar. Bei Cusanus und Christoph ist das anders. Denn in beiden Fällen lässt sich die Vervielfältigung der Perspektiven in meiner leiblichen Realität verorten – z. B. im Antlitz meines Nächsten. Genau das ist der Punkt, an dem sich das narzisstische Szenario kontrollierten Sehens in ein Glaubensszenario verwandelt. „Nisi crederet non caperet", sagt Cusanus: Wer nicht auf die Worte seines Nächsten vertraut, wird nicht einsehen, dass das Unsichtbare gesehen werden kann.

Wenn ich in die Augen eines Menschen blicke, kann ich im verschwommenen Spiegelbild seiner Augen sehen, dass ich etwas nicht sehe – mich selbst zum Beispiel. Christoph interessierte sich vor allem für dieses Aufeinandertreffen von Sichtbarem und Unsichtbarem. Wenige Tage nachdem ich ihm von Cusanus' Buch über das Schauen Gottes erzählt hatte, präsentierte er anlässlich einer Benefizveranstaltung im Thalia Theater Hamburg folgende Zusammenfassung unserer E-Mail Korrespondenz: „Wie soll man das hinkriegen mit dem Narzissmus? (...) Die Mönche sollen sprechen über das, was sie nicht sehen. Tun sie das, so hört der blinde Fleck auf, bedrohlich zu erscheinen. Denn sie reden ab diesem Zeitpunkt [zwar] über sich, (...) als Narziss, dahinter aber ganz klar als Einzelperson erkennbar: peinlich, schamlos, die reine Angst. Das klingt einfach, aber das ist natürlich nicht einfach. Die Differenz zwischen Sehen und Sprechen markiert die Scheidelinie, an der die narzisstische Falle aufspringt. Man kann nicht glauben, was man sieht, das ist viel zu unglaublich. Der Glaube kommt vom Hören, sagt Paulus; vom Hören, vom Sprechen und vor allem vom Sich-Versprechen. Kein Glaube ohne die Einübung in Verfahren, sich zu versprechen. Ich verspreche dir, dass es jenseits des Sichtbaren etwas zu hören gibt. Aber wie macht man das mit dem Versprechen? (...) Ja, wie macht man einen Versprecher? Das muss ich natürlich selber herauskriegen."[5]

Nach Cusanus' kleinem Buch beginnt der Aufstieg zur Schau Gottes mit der Einsicht, dass es in den Zwischenräumen zwischen Sichtbarem und Unsichtbarem etwas zu hören und streng genommen sogar zu sehen gibt. Doch diese Einsicht ist an unsere Gabe gebunden, dem Sinn scheinbar gedankenloser „Versprecher" auf die Spur zu kommen, die auf das antworten, was man hört.

Die Sichtbarkeit des Unsichtbaren ist mehr als ein „schöner Schein" – ich blicke ja nicht metaphorisch, sondern wirklich in die Augen eines anderen Menschen, wenn ich sehe, dass ich gesehen werde von dem der zu mir spricht. Doch es erfordert eine gewisse Art von *common sense* zu dem mit dieser Einsicht verbundenen Mangel an narzisstisch-kontrollierbarem Wissen zu stehen. Man muss glauben und vertrauen

5 Aino Laberenz (Hrsg.), *Christoph Schlingensief. Ich weiß ich war's*, München: KiWi 2012: 56.

in das was man nicht sieht, und der natürlichen Neigung nachgeben, mit dem was man nicht sieht auf Augenhöhe zu kommunizieren – selbst wenn man sich dabei „verspricht", d. h. Dinge sagt, die der narzisstischen Kontrolle entgleiten.

DIE MAGIE HEILIGER OBJEKTE

Die elementarste Form sich zu versprechen ist das Gebet: Der staunende Lobpreis angesichts der Einsicht, dass das Unsichtbare nicht bedrohlich, sondern staunenswert und zuweilen sogar liebenswert ist. Diese Einsicht verbindet postmoderne Denker wie Jacques Derrida und Jean-Luc Marion[6] mit vormodernen Denkern wie Johannes Cassian und Cusanus, und damit sind wir bereits bei der zweiten Station meiner Spurensuche.

In Berlin hatte ich Christoph eine Powerpoint-Präsentation über das kontemplative Gebet der Wüstenväter gezeigt, die ich noch von meiner Koreareise in meinem Rucksack hatte. Vier Monate nach unserer ersten Begegnung, als die Metastasen wiederkehrten, kam Christoph in einer E-Mail auf dieses Thema zurück.

In unserer darauffolgenden Korrespondenz ging es um das Thema Gelassenheit, oder genauer um die Frage was das Gebet mit einem schönen Hintern gemeinsam hat. Ein schöner Hintern kann Männer rastlos werden lassen – die Kirchenväter bezeichneten das als Konkupiszenz. In diesem Fall assoziiert sich der Hintern mit möglichen Welten, mit Tagträumen über künftige oder auch der Erinnerung an vergangene Abenteuer. Die Kirchen- und Wüstenväter nannten solche Tagträume „Zerstreuung": Sie hindern uns daran im Hier und Jetzt präsent zu sein.

Das Gegenteil von Zerstreuung ist Kontemplation: Kontemplation leitet dazu an, im Hier und Jetzt zu leben; zu staunen über das was *da* ist, auch und gerade dann, wenn das was uns zum Staunen bringt nur unvollständig sichtbar ist. Die Griechen nannten das Eros.

Genau das hat der Anblick eines schönen Hinterns mit dem Gebet gemein – und natürlich auch mit Jesus. Um mit Christoph zu sprechen: man kann sich Jesus auch ästhetisch annähern, z. B. in dem man sich von der Aura eines barocken Porzellanjesus ansprechen lässt. In einer seiner E-Mails erzählte mir Christoph, er habe sich dazu hinreißen lassen einen viel zu teuren Porzellanjesus zu kaufen: „... dieser jesus isst wunderschön ... gaanz lange arme, ganz schmaale lange beine ... alles fast zu lang. und als ich mich fragte, warum ich so einen schritt gegangen bin, kam mir

6 Cf. Jacques Derrida, *Wie nicht sprechen. Verneinungen*. Übers. von H. D. Gondek, Wien: Passagen 1989; Jean-Luc Marion, „In the Name. How to Avoid Speaking of ‚Negative Theology' / Response By Jacques Derrida", in: John D. Caputo / Michael J. Scanlon (Hrsg.), *God, the Gift, and Postmodernism*, Bloomington: Indiana University Press 1999: 20-53.

als antwort: ich will mich jesus, der mir immer so fremd war, mit dem ich immer so komische probleme oder eine merkwürdige beziehung hatte, ästhetisch nähern." Die erotische Anziehungskraft solcher Objekte hat was mit ihrer Zerbrechlichkeit und ihrem Platz in der Welt zu tun. Und im vorliegenden Fall ist dieser Platz nicht das Museum (wie bei einer Aktskulptur), sondern der Kult: Die Menschen haben sich in früheren Zeiten durch solche Objekte zum Gebet hinreißen lassen.

Unter dem puritanischen Einfluss von Aufklärung und Reformation tendieren moderne Menschen dazu, die magische Anziehungskraft solcher Objekte herunterzuspielen. „Es hilft nichts, unsere Knie beugen wir doch nicht mehr", sagt Hegel in seiner berühmten Ästhetik. Und doch hat die Aura heiliger Objekte und Gebäude die Hegelsche „Furie des Verschwindens" überlebt. Der Geruch von Kapellen, die nach dem Schweiß einsamer Beter riechen, kann selbst postmodernen Nomaden, die zu beten verlernt haben, Vertrauen einflößen.

In meiner Antwort auf Christophs Frage nach einer Gebrauchsanleitung zum Beten ging es vor allem um diesen ästhetischen Zug des Gebets. Es ging um die magische Kraft heiliger Objekte uns Dinge tun zu lassen, die wir eigentlich gar nicht vorhatten.

DER ORT GIBT DAS WORT

Das führt mich zurück zum Ausgangspunkt unserer Korrespondenz über narzisstische Kontrollfreaks und die Erotik des Gebets; und damit zur dritten Spur, die ich in meinem Vortrag weiterverfolgen möchte.

Christoph hatte mir von der Arbeit im Operndorf in Burkina Faso erzählt. Sein Freund Francis Kéré hatte dort drei Wasseradern gefunden, und plötzlich lief alles wie von selbst, ich zitiere: „sozusagen wie das Wasser auf dem Operndorfplatz." Mit dem Wasser aus der Erde floss nämlich aus Christoph auch ein magischer Versprecher, ich zitiere: „und nun im operndorf erschien mir doch plötzlich wie aus dem nichts der satz: ‚so sprich nur ein wort, so wird meine seele gesund!' … ich weiß nicht warum dieser satz für mich genau an diesem ort plötzlich auftauchte. wo ich ihn doch seit jahren nicht mehr richtig gedacht oder erlebt, gefühlt hatte. und plötzlich dachte ich, der ort spricht das wort ... der ort ist das wort. aber eigentlich spreche ich zu mir selber. ich spreche ein wort selber und meine seele ist plötzlich geheilt. verstehst du was ich da nicht erklären kann. vielleicht auch gut so, aber es muß da etwas passiert sein. kein wunder, keine offenbarung oder sowas, aber der künstler schlingensief mit seinem beendigungs- und doch immerwieder eröffnungswahn trifft auf gelassenheit. auf ganz andere kräfte. nichts kann ihn mehr erschüttern, weil dieses wort vielleicht gesprochen wurde".

In meiner Antwort auf Christophs E-Mail habe ich ihm dann erzählt, dass die Wüstenväter und -mütter solche unkontrollierten Versprecher als Mantra gebrauchten.[7] Zum Beten bedarf es demzufolge nicht vieler Worte; es genügt, dass man sein Mantra findet. Das gefundene Wort kann man dann als Gedächtnisstütze benutzen; als ein magisches Wort, das den Beter in die Gegenwart zurückruft, und die Dämonen vertreibt, die uns vom Hier und Jetzt in die Zerstreuung virtueller Realitäten flüchten lassen.

„Hast du eine übung? oder wird es sich sowieso ergeben?“, hatte Christoph mich gefragt. Und ich schrieb zurück, es habe sich schon ergeben. Dein Wort hat Dich bereits gefunden, die Übung besteht jetzt darin, es nicht zu vergessen.

Bemerkenswert ist nun, *welches* Wort Christoph an seinem sprudelnden Ort gefunden hat. Christoph kannte diesen Satz aus seiner Messdienerzeit. Er wird von Katholiken vor der Kommunion gesprochen, und geht auf die Worte des Hauptmanns von Kafarnaum zurück (Mt 7). Der volle Wortlaut lautet: „Herr ich bin nicht würdig, dass Du eingehst unter mein Dach, aber sprich nur ein Wort so wird meine Seele gesund.“

Die spirituelle Grundhaltung, die aus diesen Worten spricht, ist m. E. charakteristisch für Christophs gesamtes künstlerisches Werk: Es ist die Grundhaltung der Buße und Umkehr, hebräisch der *Metanoia.* Metanoia als „Fröhliche Wissenschaft“.

Nach Friedrich Nietzsche markiert diese spirituelle Grundhaltung die Scheidelinie zwischen dem aristokratischen Ethos der Griechen und dem was Nietzsche als jüdisch-christliche Ethik des Ressentiments bezeichnet. Ich zitiere Nietzsches *Fröhliche Wissenschaft*: „‚Nur wenn du bereuest, ist Gott dir gnädig‘ – das ist einem Griechen ein Gelächter und ein Ärgernis: Er würde sagen ‚so mögen Sklaven empfinden‘.“[8]

Christoph hatte keine Probleme mit den peinlichen Gesten und Praktiken von Sklaven und Narren. In diesem Sinne war seine „Fröhliche Wissenschaft“ nicht nur gnadenlos realistisch, sondern auch (anders als bei Nietzsche) gnadenlos christlich.

Einige prominente Interpreten der Schlingensiefschen Kunst würden mir an diesem Punkt vermutlich widersprechen. War Schlingensief nicht der Inbegriff eines post-Nietzscheanischen, avantgardistischen Aktionskünstlers? Also einer von denen, die keinerlei Hemmungen haben sich selbst an die Stelle Gottes zu setzen, oder genauer, in die Position eines *Jenseits von Gut und Böse* im Sinne der nachkantischen Freiheitsphilosophie, die in Nietzsche kulminierte?

Im Unterschied zu Augustinus und den Kirchenvätern kennt die Moderne keinen

7 Hierzu Gabriel Bunge, *Irdene Gefäße. Die Praxis des persönlichen Gebetes nach der Überlieferung der heiligen Väter*, Würzburg: Der Christliche Osten 2009.

8 Friedrich Nietzsche, *Die fröhliche Wissenschaft*, Berlin / New York: 1972: n. 135.

spontanen Hang zum Guten:[9] Der moderne Künstler preist im einen Augenblick die Schönheit der Schöpfung und im nächsten Augenblick wälzt er sich mit der Schlange des Sündenfalls im Dreck. Denn für ihn sind beides, Gutes und Böses, gleichermaßen real.

Nach Carl Hegemanns Schlingensief-Deutung, war Christophs Kunst ein weiterer Meilenstein in dieser avantgardistischen Tradition.[10] Ich habe mich mit Carl oft über diese Frage gestritten, zuweilen auch in Christophs Gegenwart, der diese philosophische Debatte irgendwie lustig fand.

Doch es geht mir hier nicht um philosophische Spitzfindigkeit, sondern um die Grundhaltung, aus der Christoph seine Kunst betrieb; und diese Grundhaltung erscheint mir nicht nur als katholisch, sondern sogar als vormodern – sie riecht gleichsam mehr nach Augustinus und Thomas von Aquin, denn nach Fichte und Nietzsche.

Man erinnere sich etwa an Schlingensiefs Deutschlandtrilogie: *100 Jahre Adolf Hitler, Das Deutsche Kettensägenmassaker, Terror 2000*. In ihrem Nachruf *Die geniale Nervensäge* vom 22. August 2010 brachte Anja Losl die Wirkung dieser Filme treffend auf den Punkt: „Geschmacklos und scheußlich, billig und ekelhaft fanden das viele. Und sahen nicht, wie intelligent er die Politik vorführte und die Spießigkeit des Bösen zeigte."[11]

9 Hierzu John Milbank, „Darkness and Silence. Evil and the Western Legacy", in: John D. Caputo (Hrsg.), *The Religious*, Malden, Mass.: Blackwell 2002: 277-300.

10 Cf. Carl Hegemann / Boris Groys, „Metanoia. Der Künstler als unbewegter Beweger oder die Welt als ewige Ruhestätte", in: *Lettre International* 90 (2010): 116-117; Carl Hegemann / Peter Weibel, „Placebos der Todessehnsucht", in: ders. (Hrsg.), *Das Schwindelerregende. Kapitalismus und Regression*, Berlin: Alexander Verlag 2011: 46-65; Staatsoper unter den Linden, *Metanoia - über das Denken hinaus - Jens Joneleit*, Berlin: 2010: 80ff.

11 Cf. http://www.stern.de/kultur/kunst/zum-tod-von-regisseur-schlingensief-die-geniale-nervensaege-1509187.html.

Das Böse ist spießig – dieser Satz hätte auch von Augustinus stammen können; und natürlich auch von Hannah Arendt, deren Karriere mit einer Doktorarbeit über den *Liebesbegriff bei Augustinus* begann.[12]
Experimente wie Schlingensiefs Kurzvideo *Führertum*[13] sind im Prinzip Variationen auf das Thema von Arendts 1961 unter dem Titel *Bericht von der Banalität des Bösen* publizierten Dokumentation über den Eichmann Prozess in Jerusalem:[14] Variationen über Familienväter, die zwischen dem Hitlergruß und der nächsten Zigarette ihren Töchtern aus dem Überwachungsturm eines Konzentrationslagers zuwinken.
Selbst wenn Schlingensief Pornofilme drehte, tat er im Grunde nichts anderes als seiner Überzeugung Ausdruck zu verleihen, dass das, was wirklich ist, gut ist, und das selbst die abgründigsten Banalitäten und Hohlheiten diesen Restbestand an „wirklichem Leben“ nicht ausrotten können.
„Freiheit ist grundlos etwas zu tun“[15], sagt Carl Hegemann, der damit an Fichte und Nietzsche anknüpft. Man kann demzufolge gleichermaßen spontan Gutes oder Böses tun, denn in ihrem tiefsten Grund ist Freiheit indifferent, ein neutrales „quasi-Faktum“ im Sinne Immanuel Kants.
Schlingensiefs Experimente *waren* aber nicht neutral. Christoph hatte einen spontanen Hang selbst im Bösen das unsichtbare Gute sichtbar werden zu lassen.

„ICH HABE IMMER NUR DAS GUTE GEWOLLT“

Nach Augustinus und Thomas von Aquin ist die Wirklichkeit *keine* Ansammlung neutraler Fakten. Und genau in diesem Sinn war Schlingensiefs Kunst *vormodern*-realistisch: Fest verankert in der Augustinischen Überzeugung, dass es mit dem Bösen nichts auf sich hat. Was wirklich ist, ist gut – das Böse ist (um den *Segen* aus der Kirche der Angst zu zitieren) „Nichtigkeit“ (Koh 11,8).
Hegemanns Interpretation der Selbstwidersprüche Schlingensiefs scheint mir aus diesem Grund zu kurz zu greifen. Schlingensief war in der Tat ein Kräftefeld von Selbstwidersprüchen: Er war nicht nur der bürgerlich sozialisierte Katholik, der lauthals protestierte, als man ihm erstmals Paolo Pasolinis *Die 120 Tage von Sodom* vorführte; er war auch der, der später öffentlich erklärte, er habe das ja eigentlich nur gemacht, weil er dachte sein Griechischlehrer würde hinter ihm sitzen. Das Paradox seiner Kunst liegt darin, dass *immer* ein Griechischlehrer hinter ihm saß, und dass seine

12 Cf. Hannah Arendt, *Der Liebesbegriff bei Augustin. Versuch einer philosophischen Interpretation*, Berlin: J. Springer 1929.
13 Cf. http://www.peter-deutschmark.de/works/film/fuehrerturm.php.
14 Cf. Hannah Arendt, *Eichmann in Jerusalem*, München: Piper 1965.
15 Carl Hegemann, *Plädoyer für die unglückliche Liebe. Texte über Paradoxien des Theaters, 1980-2005*, Sandra Umathum (Hrsg.), Berlin: Theater der Zeit 2005: 110-115.

Kunst aus diesem Grund immer in Richtung eines unschuldigen Gutmenschentums gravitierte.

Das Problem von Hegemanns Schlingensief-Deutung liegt demgegenüber darin, dass sie zugleich mit zwei Erklärungen für die moralischen Paradoxien seiner Kunst operiert. Die erste Erklärung steht in der Tradition Kants, und erklärt das moralische Paradox als Produkt widerstreitender spontaner *Willensregungen*: „Er [Christoph] wollte ein guter Mensch sein (...) und er wollte der blasphemischste aller Teufel sein."[16] Demnach wäre das Paradox auf den *dramatischen Wiederstreit* zwischen einem „guten" und einem „bösen Willen" zurückzuführen, wie bei Goethe („Zwei Seelen sind in meiner Brust") oder beim späten Freud, der die zwei Seelen des modernen Menschen als Eros und Todestrieb deutete. Angesichts der *post*-dramatischen Züge des Schlingensiefschen Werks ist diese Erklärung allerdings problematisch, und das ist wohl auch der Grund, aus dem Hegemann eine zweite Erklärung nachschiebt, die mit seiner ersten streng genommen unvereinbar ist: Schlingensief war ein gnadenloser Gutmensch, der vor allem immer eines sein wollte, ein ehrlicher Junge. „Der Kunstraum des Theaters, der manchmal weit über das Theater hinausging, sollte ein öffentlicher Beichtstuhl sein. Dort sollten alle Sünden und alle Grauenhaftigkeiten, die der Mensch so im Kopf hat zum Leben erweckt werden – und er [Christoph] dachte nie, er sei der einzige, der so etwas im Kopf hat. (...) So hoffte er inständig, dass er als Theaterregisseur etwas schaffen könnte, zu dem er auch seine Eltern ohne familiären Skandal einladen könnte (...) aber das passte nicht zur Beichte. Beim Beichten lügen, das war unvorstellbar."[17]

Diese Deutung deckt sich mit Christophs Bekenntnis im *Gebetbuch* zur *Kirche der Angst,* er habe es doch eigentlich immer nur gut gemeint: „Ich habe immer nur Gutes gewollt. Ich hab es nicht böse gemeint. Den Glauben daran, dass es böse war, haben die anderen gehabt."[18]

---

16 Carl Hegemann, „Die Unfähigkeit zu Lügen. Christoph Schlingensief – ein Nachruf von Carl Hegemann", in: *Theater Heute* (2011): 24 (http://www.kultiversum.de/Schauspiel-Theaterheute/Christoph-Schlingensief-1960-2010-Nachruf-Carl-Hegemann.html?p=4).

17 Ibid.

18 http://www.kirche-der-angst.de/index_ger.html.

DIE BÜHNE ALS SCHAUPLATZ EINES KONVERSIONSGESCHEHENS

Um es kurz zu fassen, Christoph war *kein* autonomer Künstler im *modernen* Sinne des Wortes. Seine künstlerischen Aktivitäten waren nicht, wie bei Nietzsche, neutral gegenüber der Differenz von Gut und Böse; sie waren vielmehr, wie bei Augustinus und Thomas, Ausdruck eines spontanen Hangs zum Guten.

Jedes Schaf hat nach Thomas von Aquin einen natürlichen Hang zum Schönen und Vollkommenen – Christoph war ein solches Schaf. Natürlich war Christoph auch ein „böser Kerl" – aber nur deshalb, weil er nicht lügen konnte; er war nach Hegemann sogar *physisch* unfähig zu lügen. Wenn er im Theater lügen musste, bekam er, ich zitiere: „Pusteln am ganzen Körper, eine schwere Allergie, die vom Theaterarzt mit einer Kortisonspritze gestoppt werden musste, natürlich erst nachdem Christoph die Wundmale dem Publikum ausgiebig aus der Nähe gezeigt hat."[19]

Christoph konnte nicht lügen; folglich musste das Böse, das durch seinen Kopf schwirrte, auf die Bühne gebracht werden – und nicht selten war das Theater seiner Grausamkeiten ihm selbst am unerträglichsten. Das Böse musste ausgesprochen, und wenn nötig, sogar schamlos inszeniert werden – weil man nur auf diesem Weg zu der erlösenden Einsicht gelangen kann, dass das alles nur substanzlose Kopfgeburten sind; verführerische Wahngebilde, wie bei den Wüstenvätern.

Im spätantiken Christentum, das noch keinen Beichtstuhl kannte, hieß diese Konversionspraxis *exomologesis*. Michel Foucault war einer der ersten, der diese Praxis im Kontext seiner späten Versuche über das „Wahrsprechen" zur Diskussion stellte.[20]

Auch diese Praxis erschöpfte sich nicht in verbalen Aktivitäten. Denn sie zielte darauf, persönliche Sünden öffentlich zur Schau zu stellen, wobei der Interaktion mit der aktuellen Situation und den Zuschauern ein fundamentaler Stellenwert zukam.

Das bemerkenswerteste an dieser archaischen Bußpraxis war, nach Foucault, dass sie nicht als demütigend empfunden wurde. Anders als die spätmittelalterliche und moderne Beichtpraxis, zielte sie nämlich nicht in erster Linie darauf, sich für einen juristischen Freispruch zu qualifizieren. Es ging vielmehr um Therapie.

Wenn Sünde eine Form von Selbstbetrug ist, dann ist das öffentlich inszenierte *Mea culpa* bereits der erste Schritt zur heilenden Selbsterkenntnis. Und aus diesem Grund konnte sich das Bekenntnis persönlicher Schuld im Idealfall augenblicklich in eine *felix culpa*, eine glückliche Schuld verwandeln.

---

19 Ibid.

20 Cf. Michel Foucault, „Technologies of the Self, in: Martin H. Luther / Michel Foucault / Huck Gutman / Patrick H. Hutton (Hrsg.), *Technologies of the Self. A Seminar with Michel Foucault*, London: Tavistock 1988: 16-49, 41-48; siehe auch James Bernauer, „Confessions of the Soul: Foucault and Theological Culture", in: *Philosophy and Social Criticism* 31 (2011): 557-572.

Schlingensiefs Fluxus-Oratorium *Eine Kirche der Angst* bewegte sich ebenso wie die Ready-Made-Oper *Mea culpa* in den Spuren dieser Praxis. Doch sein Spätwerk machte lediglich explizit, was sich bereits in älteren Experimenten abzeichnete.

Exemplarisch hierfür ist das öffentliche Vergießen von Tränen, das in der *Kirche der Angst* in Zusammenhang mit Selbstmordgedanken und dem Bekenntnis wiederkehrt: „ich kann mich eben nicht so lieb haben wie ich mich manchmal haben müsste … kann mich nicht als guten Menschen begreifen".[21]

Die Praxis öffentlich zu heulen hatte Schlingensief bereits lange vor seiner Krebserkrankung praktiziert. Diesen Zug teilte die Kunst des Ex-Messdieners mit den literarischen *Bekenntnissen* der Afrikaner Aurelius Augustinus und Jacques Derrida, und natürlich auch mit Petrus, dem ersten Papst.[22]

Doch im Prinzip stellte diese Bekenntnispraxis nur eine Variation auf das Dauerthema „Menschen wie du und ich" dar – und unseren natürlichen Hang Dinge zu tun, die unserer Kontrolle entgleiten. Man weint nicht absichtlich, man weint kopflos, und das verändert unsere Selbstwahrnehmung, lässt uns klüger werden. Petrus war kluger, nachdem der Hahn gekräht und er „bitterlich" (Mt 26,74) geweint hatte.

Auf Christophs Beerdigung in Oberhausen erzählte mir seine Mutter, dass sie mit dem kleinen Christoph jeden Abend gebetet habe; und dass er ihr anschließend immer die Sünden gebeichtet habe, die er tagsüber begangen habe. Zuweilen sei er sogar mitten in der Nacht aufgestanden, um eine Sünde nachzuschieben, die er vergessen oder verschwiegen habe.

Christoph hatte diesen jüdisch-christlichen Habitus, also das was Friedrich Nietzsche als Sklavenethik, oder als „Ethik des Ressentiments" bezeichnete, zutiefst verinnerlicht. Doch anders als bei Nietzsche – dem protestantischen Pfarrerssohn aus Schulpforta – war dieser Habitus beim katholischen Apothekerssohn aus Oberhausen Teil einer „fröhlichen Wissenschaft".

21 http://www.kirche-der-angst.de/index_ger.html.

22 Hierzu Johannes Hoff, „Der Heilige Augustinus. Über die Erfindung des abendländischen Christentums in Afrika", in: *DIE ZEIT* 53 (Schlingensief-Feuilleton / 2009): 30-32 (http://www.zeit.de/2009/53/Schlingensief-Christentum?page=all).

MEISTER ECKHART UND DIE KUNST EIN GLAS MILCH ZU TRINKEN

Dieser durch und durch katholische Habitus führt für mich zum letzten Punkt meiner Spurenlese: zu Meister Eckhart, mit dem sich Christoph im Anschluss an unser erstes Gespräch in seiner Züricher Inszenierung *Sterben lernen* auseinandersetzte.[23]

Nach so unterschiedlichen Denkern wie Augustinus, Thomas von Aquin, Meister Eckhart, Cusanus und Kierkegaard, hat der Mensch infolge des Sündenfalls einen unwiderstehlichen Hang, *nicht* der zu sein, der er ist. In seinem tiefsten Wesen ist jeder Mensch gut. Doch wir neigen dazu, uns in narzisstischen Traumwelten einzurichten. Das sollte uns zu denken geben.

Schlingensief dachte nicht nur darüber nach; das Nachdenken über den narzisstischen Pseudorealismus unserer Zeit war der treibende Motor seiner Kunst. Und deshalb bestand seine Kunst vor allem darin, aus freien Stücken Christoph Schlingensief zu sein. Aber das ist nach Meister Eckhart ja gar nicht so einfach! Um aus Georg Seeßlens Laudatio auf Christoph zu zitieren: „Wer einmal ausprobiert hat, wie schwierig es ist, aus freien Stücken ein Glas Milch zu trinken oder eine Symphonie zu schreiben, der weiß auch: Das ist keine leichte Sache."[24]

Meister Eckhart faszinierte Christoph vor allem deshalb, weil man genau das bei ihm lernen kann: aus freien Stücken ein Glas Milch zu trinken, ohne darüber nachzudenken was andere, die mich dabei beobachten, in diesem Augenblick denken mögen, oder welche Konsequenzen das für meine Zukunft haben könnte. Ganz im Sinne der kontemplativen Praxis der Wüstenväter geht es bei solchen Übungen darum, das Hier und Jetzt (im doppelten Sinne des Wortes) sein zu lassen.

Meister Eckhart nannte diese Grundhaltung „Abgeschiedenheit" – der Meister des kontemplativen Gebets ist nicht mehr von dieser Welt, er ist von der Welt „abgeschieden". Aber das Wort „Abgeschiedenheit" ist bei Meister Eckhart zutiefst paradox, und genau aus diesem Grund bin ich nicht nur der Überzeugung das Carl Hegemanns Deutung Schlingensiefs an bestimmten Punkten in die Irre führt, sondern auch die deistische Deutung von Boris Groys.[25]

Nach Groys war Gott ein Regisseur, der die Welt erschuf, um anschließend seiner sich selbst bewegenden Kreation in der passiven Haltung des deistischen „unbewegten

23 Ausführlicher zum Folgenden: Johannes Hoff, „Leben in Fülle. Schlingensiefs Dekonstruktion der (Post-)Moderne", in: Susanne Gaensheimer (Hrsg.), *Deutscher Pavillon 2011. 54. Internationale Kunstaustellung La Biennale Di Venezia*, Venedig: Kiwi 2011: 213-223.

24 Georg Seeßlen, „Mein Idealer Künstler zurzeit", in: *FAZ* 53 (2010), 38; sowie http://www.filmzentrale.com/essays/schlingensieflaudatiogs.htm (vollständiger Text).

25 Cf. Boris Groys, „Sprachversagen. Zur Arbeit des Künstlers und Theatermachers Christoph Schlingensief", in: *Lettre International* 90 (2010): 114-116.

Bewegers" zuzuschauen. Als dieser „erste Beweger" starb, blieb eine Leerstelle zurück, und genau an diesem Punkt kommen Künstler ins Spiel; Leute wie Schlingensief: ein Regisseur und Aktionskünstler, der gigantische Gesamtkunstwerke in Bewegung setzt, um anschließend „zum Beobachter seiner eigenen hektischen Aktivitäten"[26] zu werden.

Die Originalität der Groyschen Deutung liegt darin, dass sie diese deistische Rahmenkonstruktion mit einem Schuss Buddhismus aufmischt: „Wir müssen daran arbeiten, keine Kraft zu haben, nichts zu tun, nichts zu produzieren, gegen nichts zu kämpfen, sondern alles gut zu finden."[27] Das klingt so, als habe sich Schlingensief aus dem Leben herausgehalten. Aber Groys' Lesart zielt natürlich auf etwas anderes: auf die radikale Weltfremdheit seiner Kunst. Eben auf das, was Meister Eckhart als „Abgeschiedenheit" bezeichnet.

Doch Schlingensiefs Unbewegtheit stand zu keinem Zeitpunkt im Gegensatz zu seinen „hektischen Aktivitäten". Tut doch, nach Meister Eckhart, selbst der, der nichts tut, immer noch zu viel.

Nach Meister Eckhart ist unser menschliches Verhalten durch Präferenzentscheidungen gesteuert: kaufe ich mir jetzt ein iPhone oder ein Smartphone? Doch jede Präferenzentscheidung impliziert eine Negation: Wenn ich mich für *dies* entscheide (Heiraten, Leben, ein iPhone kaufen, etc.) kann ich *nicht jenes* haben (Nicht-Heiraten, sich Aufhängen, ein Smartphone kaufen, etc.). So entscheidet man sich stets *etwas* (dieses) zu wollen, um kurz darauf festzustellen, dass man *etwas anderes* (jenes) *nicht* hat.

Meister Eckhart folgerte daraus, dass, wer etwas will, nichts will – denn er will ja im selben Augenblick, in dem er sich entscheidet *etwas* zu wollen, etwas anderes *nicht*. Demzufolge kann uns nur *eines* vom unglücklichen Bewusstsein befreien; man muss aufhören, dies oder jenes zu wollen, und stattdessen nichts wollen: „Scheidet euch von allem Nicht, denn das Nicht macht Unterschiedenheit. Wie das? Dass du *nicht* jener Mensch bist, dieses ‚nicht' macht Unterschiedenheit zwischen dir und jenem Menschen."[28]

Man muss sich gleichsam dafür entscheiden, ein „Mann ohne Eigenschaften"[29] zu

26 Hegemann / Groys, *Metanoia*: 117.

27 Ibid.

28 Predigt 46: *Haec est vita aeterna*, in: Meister Eckhart, *Deutsche Werke*, Josef Quint (Hrsg.), Stuttgart: Kohlhammer 1976: II 382, 3-7.

29 Der Titel von Robert Musils gleichnamigem Hauptwerk geht auf Meister Eckhart zurück. Wie die jüngere Forschung zeigt, enthält auch der Text zahlreiche Bezugnahmen und Exzerpte von Meister Eckhart. Cf. Niklaus Largier, „Robert Musil, Meister Eckhart, and the ‚Culture of Film'", in: Hent de Vries (Hrsg.), *Religion Beyond Concept*, New York: Fordham UP 2008: 739-750.

werden. Meister Eckhart nannte die hierfür charakteristische Lebenseinstellung „Gelazenheit“ und das entsprechende Weltverhältnis „Abgeschiedenheit“. Abgeschiedenheit heißt aber keineswegs nichts tun. Wer nichts tut, tut immer noch „etwas“ – er tut nämlich *dies* (passiv sein) im Unterschied zu *jenem* (aktiv sein).

Abgeschiedenheit ist also nicht das Gegenteil von „hektischen Aktivitäten“. „Gelazenheit“ kann alles Mögliche bedeuten, man muss es nur „sein lassen“ können – z. B. in dem man einen Ort zur Sprache kommen lässt („der ort spricht das wort ... der ort *ist* das wort“).

Bei Groys erscheint das bewegte Leben als eine Alternative zur Abgeschiedenheit des „unbewegten Bewegers“. Und deshalb fällt die Entscheidung „nichts zu wollen“ für ihn mit einer Überschreitungsbewegung zusammen, die das aktive Leben verneint: „Er [Schlingensief] beobachtet das Leben; er lebt sozusagen *nicht*, er versucht, eine Position einzunehmen, die etwas geschehen lässt, und dann schaut er, was passiert.“[30]

Diese Deutung der Schlingensiefschen Kunst ist meines Erachtens zu dialektisch: Sie denkt zu sehr in hegelianischen Gegensätzen und ignoriert die katholische Grundhaltung aus der Christoph seine Kunst betrieb: seine Gabe in heiterer Gelassenheit das Paradox zu bewohnen.

Wenn man das Paradox gewohnt, und aufhört, dies oder das zu wollen, ist man nach Meister Eckhart in der Lage die Welt sein zu lassen: Man ist plötzlich in der Lage öffentlich zu heulen, oder ein Glas Milch zu trinken, ohne dem Hang nachzugeben, zugleich etwas anderes zu wollen.

Die Welt, die man auf diese Weise „sein lässt“, ist nach Meister Eckhart und seinem Ordensbruder Thomas, nicht nur durch und durch real, sondern auch gut, vollkommen und schön. *Ens, bonum et pulchrum convertuntur*, heißt das in der Terminologie des Heiligen Thomas. Christophs Krebstagebuch bringt dieses scholastische Leitmotiv auf eine weniger akademische Kurzformel: *So schön wie hier kanns im Himmel gar nicht sein.*

30 Groys, *Sprachversagen:* 116 (Herv. JoH).

VON NACHHALTIGEN LEBENSRÄUMEN ZU MENSCHLICHEN INNENRÄUMEN

MICHAEL KERBLER IM GESPRÄCH MIT JANA REVEDIN

Erstmals in der Menschheitsgeschichte leben mehr Menschen in Städten als auf dem Land. In der Europäischen Union zum Beispiel leben vier von fünf Bürgern in städtischen Gebieten. Die Frage, die sich angesichts dieses Veränderungsprozesses immer dringender stellt, lautet: wie wird die Stadt der Zukunft aussehen, in welcher Stadt wollen wir eigentlich leben?

Ich verfolge dieses zeitgeistige Ringen um Zukunftsfragen, die Stadt der Zukunft, die Ökologie der Zukunft, das Klima der Zukunft mit, ich denke, berechtigter Skepsis. In den 1960er- und 1970er-Jahren hat man sich mit Gegenwartsfragen beschäftigt und visionäre, doch sofort umsetzbare Konzepte zum Menschen, seinen Lebensräumen, seiner Sinnfindung gefunden, denken wir an Arendt, Frankl oder Heidegger. In meinen partizipativen Gestaltungskursen zur nachhaltigen Stadt sind daher Frankls „Vom Leiden am sinnlosen Leben", Rinsers „Wie, wenn wir alle ärmer würden?" oder Lorenz' „Die acht Todsünden der zivilisierten Menschheit" Pflichtlektüre.
Dann, so scheint es heute, pustete der globale Finanz- und Konsumwahn all unser kritisches Denken aus. Die Stadt der Zukunft ist nicht komplexer als die Stadt der Gegenwart, laut und bedrückend, dicht und beglückend, sie bringt Menschen ihren Hoffnungen und einer besseren Zukunft für ihre Nachfahren nahe. Im besten Fall.
„Still und grün, die neue Stadt", schrieb ich vor Jahren einen Biennale-Leitartikel – die skandinavischen Städte sind heute genau dort angelangt, die wuchernden Megastädte des globalen Südens weiter davon entfernt als je zuvor. Die Stadt als jahrtausendealtes soziales Integrations- und Innovationsmodell wird dennoch weiter erfolgreich sein, auch wenn die Weltbevölkerung sich in den nächsten 50 Jahren verdoppelt haben wird.

Und wie, Frau Professor Revedin, wollen Sie 2030 leben, Sie ganz persönlich?

Wenn ich 2030 noch lebe, Herr Kerbler, und das wäre ein Geschenk, dann da, wo ich den Menschen nahe sein kann, die sich von mir kritische Impulse, aber auch schlichtes Zuhören, eine verlässliche Haltung erwarten. Ich habe von Kind an das Wandererleben gelebt, das der Familiengeschichte politisch Vertriebener entspricht, vom Südzipfel Deutschlands, in dem wir Preußische-Rebellen-Kinder nie ganz heimisch wurden, nach Süd- und Nordamerika zum Studieren, nach Italien der Architekturtheorie wegen, nach Österreich der nachhaltigen Bautechniken wegen und schließlich nach Schweden, wo ich lernte, jegliches Entwerfen in kollektive Prozesse einzubinden.
Heute lebe ich für meine theoretische Forschung und Lehre, für die Umsetzung ausgewählter Pilotprojekte meiner Stiftung und – fürs Schreiben. In einem kleinen Bauernhaus in Kärnten bin ich angekommen. Ich brauche die Einsamkeit dort und bin doch nie allein, mit den Nachbarn im Dorf teilen wir viele Dienste und Aufgaben. Ab und zu kommt jemand Wunderbares zu Besuch.

Sie lebten und arbeiteten also in Weltstädten – Zürich, Buenos Aires, New York, Mailand, dann Venedig, Stockholm, Paris. Wie müssen sich europäische Großstädte verändern, damit Sie ihnen das Prädikat „lebenswert" verleihen? Oder anders gefragt: Wie muss die Stadt *idealerweise* aussehen, welche Kriterien müssen erfüllt sein, dass Sie sich dort wohlfühlen?

Die Zeit der Idealstädte ist vorbei. In Anbetracht der ungleichen Verteilung des Rechts auf angemessenen Lebensraum geht es nicht mehr darum, neue Vorzeigeviertel, Wohlfahrts-Trabanten, unleistbare Nullenergiestädte zu erträumen, oder gar zu erbauen und als Gated Communities für Reiche abzuriegeln, sondern sich auf die echte Qualität von Urbanität zu besinnen, die Max Weber schon vor gut hundert Jahren definierte. Urbanität – und damit Bürgerrecht, Toleranz, Innovation – entsteht nicht durch die Größe einer Stadt oder deren Dichte, sondern durch deren Mischung! Die Mischung im ethnischen und sozialen Sinn. Aber auch die Mischung von Leben und Arbeiten, unsere sinnstiftenden Aufgaben, die wir seit der Industrialisierung in Zonierungskäfige eingesperrt haben. Aus dem Bestand bauen und in flexiblen Programmen jegliche Mischung zulassen, ja anregen, wagen, das ist der Auftrag der nächsten Architektengeneration!

Man hat ja tatsächlich den Eindruck, dass aus Städten, die auf dem Reißbrett entworfen wurden, nie wirklich „ideale" Städte wurden, sprich Städte, in denen man sich so richtig wohl gefühlt hat. Ist eine ideale Stadt nicht vielmehr eine, die, wie Sie sagen, über genügend Potenzial verfügt, sich zu verändern?

Wir dürfen hier den Begriff der Idealstadt, der aus der griechischen Antike und in Folge aus der Militärkolonialisierung des römischen Reichs stammt, nicht falsch verwenden. Was Sie mit „ideal" meinen, also die lebenswerte, die menschengerechte Stadt, entstand im Erbe der mittelalterlich organisch gewachsenen Stadt zu Beginn der Industrialisierung, als sich aufgeklärte, holistisch denkende Städteplaner, Architekten und Landschaftsgestalter – denken wir nur an das famose Reform-Quartett Tessenow-Taut-Wagner-Migge, das zuzeiten der Weimarer Republik die unübertroffenen deutschen Sozialsiedlungen konzipierte – durch den Bau von Gartenstädten und Handwerkersiedlungen gegen die absehbare ideologische Zonierung von Lebensraum wehrten. Die antike Akropolis interpretierend, die es verstanden hatte, landwirtschaftlich genutzten Raum im Hinterland der Städte und damit das ökologische Überleben derselben zu sichern. Heute ist, nach jahrzehntelanger rücksichtsloser Zersiedelung und nicht zuletzt aufgrund der weltweiten Wirtschaftskrise – und jede Krise ist eine Chance – die gesamtheitliche Definition von Lebensraum zurück. Eine verschworene und interdisziplinär agierende Minderheit von Theoretikern und Gestaltern denkt und macht sie vor.

Ich erlebe seit einem knappen Jahrzehnt die skandinavische Lebensraum-Schule: die verkehrsfreie, „bewohnbare" Stadt nach Gehl, die phänomenologischen Erlebnisräume nach Pallasmaa, die gesamtkreativen Gestaltungsprozesse nach Alexander. Im Norden ist der demokratisch geteilte Außenraum viel dichter und lebendiger und wichtiger als alle selbstzentrierten Cocooning-Innenräume unserer mitteleuropäischer Wohlstandsbreiten. Und das trotz des Klimas! Gemeinschaftsinteressen gehen klar und spürbar über Eigeninteressen und werden gesellschaftlich getragen. Das nenne ich nachhaltigen Städtebau, er „macht" die offene Gesellschaft, Umberto Ecos „Open Work", in dem er sich auf die Potenziale eines Ortes und seiner Kultur besinnt. Frankl und sein Wunsch nach Selbstverantwortung und Selbstbestimmung sind hier in Raumqualität umgesetzt.

Unter welchen Voraussetzungen kann die städtische Bevölkerung Mitte dieses Jahrhunderts gedeihlich zusammenleben: etwa Jung und Alt, Einheimische und Zuwanderer und zwar so, dass sich keine Banlieues, keine Slums, keine Unterschichtviertel an den Stadträndern bilden – jedenfalls keine sogenannten „Glasscherbenviertel".

Durch diese Mischung eben. Gesellschaftlicher Wandel geschieht ja nur durch Vorbilder, wie alle Lehre nur durch Vor-leben dauerhafte Veränderung bewirkt. Es nutzt nichts, spannende Wettbewerbe wie vor einigen Monaten den Superscape in Wien auszuschreiben, wenn dann jede unbequeme und wirklich neue Fragestellung im Keim erstickt wird. „Rechtlich unmöglich", „nicht normenkonform", sind bequeme Ausreden – man würde meinen, sie kämen von bornierten Verwaltungsbürokraten? Keineswegs. Die Architektenschaft hat sich in den letzten dreißig Jahren in Form und Ästhetik ausgetobt, den wirklichen Hauptakteur aller Lebensräume, den Menschen (!), aber vergessen. Heute stehen wir vor einem Paradigmenwandel in unserem Selbstverständnis.

Wie geschieht der?

Ich habe es in meiner Theorie der radikanten Stadt kurz und schmerzvoll formuliert: „Welche Rolle spielen Architekten in Zeiten der größten Völkerwanderung und demografischen Explosion der Menschheit? Eine neue Generation guter Zuhörer und verantwortlicher Begleiter löst den Diva-Architekten ab. Doch dem nicht genug. Architekten werden zu Ökologen regenerativer Lebensräume, zu Ökonomen innovativer Kreislaufmetabolismen, zu kulturellen Katalysatoren kollektiver Kreativität und zu Sozialarbeitern aller Werte und Dienste, die wir teilen können."
Über den „Sozialarbeiter" haben sich einige Kollegen meiner Generation maßlos aufgeregt. Nicht aber die Generation unserer Studenten, also die Zukunft unseres Berufsstands.

Da, wie Sie sagen, Zersiedelung jeder Art den Erhalt einer agrarischen Identität unseres Hinterlands bedroht, werden sich die verantwortlichen Politiker deklarieren müssen, in welcher Form sie die verdichtete Stadt umsetzen. Mehr Hochhäuser, Wolkenkratzer von 200–300 Meter Höhe – also eine Stadt in einem Hochhaus? Oder werden wir eher versuchen, bestehende Wohnflächen zusätzlich zu verdichten? Was ist Ihrer Ansicht nach vernünftiger?

Vernünftig wäre zunächst einmal attraktiv genug zu sein, um zu bestehen. Die Mehrzahl europäischer Lebensräume schrumpft! Innovation, Toleranz, Bürgerrecht, das sind unsere europäischen Stärken. Österreich als das Vielvölkerland schlechthin sollte zum Land werden „in dem alle gerne leben", das also alle willkommen heißt, allen eine exzellente Lebensbasis bietet. Wie sich diese vielfarbige, vielseitige, vielversprechende Menschenmischung dann formal oder morphologisch ansiedelt, im Hochhaus oder im verdichteten Flachbau ist eigentlich gleich. Jeder Ort wird die angemessene Verdichtung vorgeben, wenn man auf ihn hört, nämlich wenn man die Menschen einbindet, die dort leben und leben wollen.

Ihre Forderungen erinnern an die Charta der Architekturbiennale Venedig 2008, an der Sie auch teilhatten: „Eine wichtige Grundlage für die effiziente und nachhaltige Nutzung von Ressourcen ist eine kompakte Siedlungsstruktur. Diese kann durch eine Stadt- und Regionalplanung, die eine Zersiedelung des städtischen Umlandes verhindert, erreicht werden. Hier muss engagiert dafür gesorgt werden, dass das Flächenangebot gesteuert wird und Spekulationen eingedämmt werden. Als besonders nachhaltig hat sich dabei das Konzept der Mischung von Wohnen, Arbeiten, Bildung, Versorgung und Freizeitgestaltung in den Quartieren erwiesen."

Als wir dort das für den damals noch herrschenden Star-Architektenrummel total indiskutable Palettenhaus, einen Wohn-Nomaden aus recycelten Transportpaletten präsentierten – die Gewinner des von mir kuratierten EU-Studentenwettbewerbs, Claus Schnetzer und Gregor Pils von der TU Wien haben übrigens inzwischen auch den US-Solar Decathlon gewonnen! – blieben wir eben nicht ungesehen. Und nicht ungehört.

Innovation, Toleranz, Bürgersinn sind also Ihrer Meinung nach die drei wichtigsten Qualitäten, die eine nachhaltige Stadt ausmachen. Wie wird der Verkehr sich Ihrer Meinung nach entwickeln?

Der Individualverkehr wird verschwinden. Wir werden uns kollektiver Transportmittel und flexibler Sharing-Modelle bedienen und niemandem wird dabei ein Zacken aus der Krone fallen. Liebhaber von perfekt gebauten Motoren und gutem Design werden sich ein Automobil halten, so wie andere Kunst, bibliophile Erstausgaben, einen geliebten Garten. Stellen Sie sich vor – die Straßen werden nach und nach verschwinden! Welch' herrlicher Landschaftsraum sich da auftut!
Eines Tages dann wird man das Beamen erfinden, der überfüllte und ausgelaugte Planet Erde wird sich entvölkern, weil alle zu neuen Planeten aufbrechen. Nur die Kinder und Poeten bleiben hier, denn nirgendwo im ganzen Universum haben wir diesen Himmel und diese Wolken und diese Bäume und diesen Wind.

Und das Hinterland?

Genau das braucht ja diese Entwicklung des Kollektivverkehrs. Ich bin überzeugt, dass sich alle wichtigen Dienste an unserer überalternden und zivilisationskrankenden Gesellschaft

– denken Sie nur an Burnout, Drogen- und Alkoholsucht, Depression, Autismus, Demenz, alle Arten von Rehabilitation – im Hinterland der Städte und, wo noch existent, am Land konzentrieren werden. Da ist Stille! Da geht die Zeit langsam dahin! Für alle therapeutischen und kreativen Tätigkeiten, aber auch für technische und technologische Innovation und ein Neuerfinden der Landwirtschaft durch authentische Nischenprodukte sind doch das Land, die kleinstädtischen Siedlungsstrukturen mit ihren so menschennahen Versorgungs- und Kommunikationsnetzen wie gemacht!

Muss die Stadt Ihrer Ansicht nach Energielieferant werden und darf nicht länger Energieverschwender sein?

Natürlich. Vor der Industrialisierung war die Stadt autark, also Selbstversorger. Dann wurde sie zur Petrolpolis, energieabhängig und somit käuflich. Heute arbeiten wir an einer selbstgenügsamen Ecopolis, die wieder in Kreislaufmetabolismen funktioniert, wo also Abgase und Abfall in notwendige Lebensenergie verwandelt werden. Sie muss nicht Energie schaffen – an wen sollte die gehen? Wie wollte man die speichern, ohne wieder erpressbar zu werden? – aber zumindest energieneutral sein.

Werden wir in schnellen Städten leben, sogenannten Non-Stop-Städten, also den 24-Stunden-Städten wie London, Las Vegas, Tokio und New York? Oder werden wir unser Lebenstempo auf dem gegenwärtigen Niveau halten, evtl. maximal auf das Tempo von Frankfurt steigern? Etwa deshalb, weil das Durchschnittsalter der Bevölkerung steigt und sich schon aus diesem Grund die Lebensbeschleunigung nicht steigern lassen wird.

Wahre Entwicklung geschah noch nie „auf die Schnelle". Ich liebe die Langsamkeit.

Die FAZ hat im Februar 2012 im Feuilleton über die „Stümper des Städtebaus" räsoniert. Die zeitgenössische Architektur befinde sich in „Dauerrotation, erzeugt und angetrieben von kurzgesteckten Zielen, kurzatmigen Plänen und schnellen Gewinnen". Sehen Sie das auch so?

Polemik. Eher sollte die FAZ verfolgen, wie und wo auf der Welt eine neue Generation selbstverantwortlicher Städteplaner heranwächst, die sich etwas wagt und die auch dazu steht.

Was können Städteplaner heute aus der Geschichte, etwa der Geschichte Wiens um 1900, als die österreichische Metropole eine Art Großstadtlabor war, in dem sich der Traditionalist Camillo Sitte und der technikverliebte Architektur-Machiavellist Otto Wagner unversöhnlich gegenüberstanden, lernen?

Camillo Sitte würde ich keinen Traditionalisten nennen, sondern einen der ersten, der die Wichtigkeit des Platzes im Stadtgefüge wiedererkannte. Den Platz hatte man nämlich seit dem Barock: vergessen! Sitte machte die Stadt, den kollektiven Außenraum wieder

zum Innenraum, denn tatsächlich liest sich ja jede Straße, jeder Platz wie ein Innenraum, wenn er organisch und in menschlicher Proportion gestaltet ist. Er wandte das Renaissance-Werkzeug der Perspektive wieder an. Und er war komisch! Sein Buch ist profund und doch verständlich geschrieben – es bringt noch heute jeden zum Lachen! Dass seine Plätze etwas „altvatrisch" daherkommen, liegt am damals gerade radikal wechselnden Zeitgeschmack, doch stellen Sie sich einfach einen Herrn Sitte vor, wie er gekleidet war, wie er den Stadtraum nutzte, wie und mit wem er flanierte. Er lebte seine Theorie. Ganz im Gegensatz zu beispielsweise Herrn Le Corbusier, der den Arbeitern Wohnmaschinen antat, aber selbst im Wildlederfauteuil Platz nahm.
Wien um 1900, eine chemische Versuchsanstalt – da waren Sitte, Wagner und Hoffmann, dann Loos. Welch' explosive Mischung! Kein Wunder, dass Sigmund Freud hier die Seelenspaltung entdeckte.

Was macht Ihrer Meinung nach Städte „sexy"?

Grenzen, die zum Grenzüberschreiten auffordern. Wo immer Grenzen sind, kann eine Stadt sich reiben. An der Reibung entsteht Bewusstsein, ein einzigartiger Charakter.
Sind wir Berliner? Oder hassen wir Berlin? Sind wir süchtig nach dem New Yorker Schwung? Oder tötet er uns? Macht uns Mumbais Gestank krank? Oder tanken wir uns voll mit integrativer Empathie? Ist Beijing geheimnisvoll? Oder verlogen?
„Arm aber sexy" ist das Berliner Motto. Auch korrupt kann sexy sein, Medellin, Bogota – doch nicht auf Dauer, die Stadterneuerung dort ist eine einzigartige. Traurig aber sexy ist Kairo gerade, stehen wir bitte einer koptischen Minderheit bei, deren Häuser mit Kreuzen als „vogelfrei" gebrandmarkt werden.
Hoffnungsvoll und dennoch sexy sind die Städte Südamerikas, manch afrikanischer Slum, der sich aus eigener Kraft zum Stadtgebiet aufbaut. Gar nicht sexy die Reißbrettstädte Chinas und der Golfstaaten, die kein Nutzer versteht und die deshalb leer stehen.

Sie engagieren sich seit geraumer Zeit im Rahmen Ihrer LOCUS Stiftung für die Umsetzung nachhaltiger Selbstentwicklungsprozesse in kleinen, aber bedeutenden Stadterneuerungsprojekten. Wie entstand diese Stiftung und warum?

Im Jahr 2007 gründete ich, gemeinsam mit weltweit führenden wissenschaftlichen Institutionen und unter der Schirmherrschaft der UNESCO den „Global Award for Sustainable Architecture™", um Architektenkollegen untereinander bekannt zu machen, die gemeinsam für eine neue Definition unseres Berufes eintreten: Architektur als Dienst an einer Gesellschaft im Wandel. Schon nach zwei Jahren war dieser Preis weltweit anerkannt, man sprach vom Rebellen-Pritzker, wie Sie wissen der „Nobel"-preis für Architektur. Mein Ziel war jedoch nicht nur, wunderbare Pioniere und Querdenker zu vereinen, sondern auch, mit ihnen und ihrer sehr besonderen wissenschaftlichen und gestalterischen Erfahrung in ausgewählten Modellprojekten zu arbeiten. Hierfür gründete ich die LOCUS Stiftung und seither haben wir erste urbane Selbstentwicklungsprojekte umgesetzt.

„Architektur im Dienst einer Gesellschaft im Wandel", welch eine Definition! Wo sehen Sie aktuell die größten Veränderungen in den Bedürfnissen der Menschen?

Nun, das letzte Jahrhundert brachte ein kontinuierliches Wachstum der Weltbevölkerung, die durch technologische Erfindungen einen zwar nicht gerecht verteilten, doch global spürbaren Fortschritt erreichte. Konsum wurde demokratisiert, was uns den Menschenrechten aber nicht näher brachte und was uns vor allem nicht bessere Bildung, sondern die stete Jagd auf Statussymbole bescherte.
Unser Jahrhundert stellt uns vor neue Herausforderungen, denn die Bevölkerungsexplosion der wachsenden Märkte bedingt die größte Völkerwanderung der Menschheitsgeschichte. Nomadische Lebensweise – und jeder von uns lebt heute, zumindest im Kopf über alle Internetwelten die er besucht, nomadisch – schafft eine nie gekannte Form der Wolkenintelligenz, die wir Architekten zu einer bahnbrechenden Gestaltungsmethode nutzen können, nämlich zur: Wolkenkreativität. Faszinierend! Diese kollektive Kreativität gilt es, bei der Raumplanung beginnend, basisdemokratisch anzuwenden. Selbstbau, also die Demokratisierung der Produktion bei breitenwirksamer Bildung ist das Gebot der Stunde.

Wo bleibt da der Star-Architekt?

Der bleibt, bitte, im vergangenen Jahrhundert.

Der Architekt als Handwerker?

Oh ja! Welch' profunde und doch wagemutige Gattung, die liebt und genau weiß, was sie tut! Allerdings brauchen wir bitte auch den Forscher, Erfinder und Menschenfreund dazu. Schon Loos sprach von einem Diener an der Allgemeinheit, einem „Maurer, der Latein gelernt hat".

Gab es einen Schlüsselmoment für Ihre Definition des Selbstverständnisses des Architekten oder hatten Sie immer schon das Bedürfnis, etwas für die Allgemeinheit zu tun?

Meine Lehrer trieben mich zur Architektur, anscheinend hatte ich wirklich Talent, sonst wäre ich Arzt geworden. Medizin wäre Dienst am Nächsten gewesen, es wurde die Architektur, also Dienst an mehreren Nächsten, an der Gesellschaft. Mein Vater, Arzt und mir in seiner feinen Zuwendung zu den Menschen Vorbild, sagte, mit einem Augenzwinkern: „Genauso gut, nein besser, Du bekommst sie noch gesund." Tatsächlich nehme ich mich inzwischen, aber doch der urbanen und regionalen Lebensräume an, die am meisten kranken.

Sie haben Ihre renommierte Architektentätigkeit vor vier Jahren für die Forschung und die Arbeit in Ihrer Stiftung aufgegeben. Ein selten konsequenter Weg. Ihre neue Architekturtheorie: „Die radikante Stadt: warum nachhaltige Lebensräume wie

Efeu wachsen“ ist gerade bei Gallimard in Paris erschienen. Welche denkwürdigen Momente hat Ihnen Ihre Tätigkeit für die Stiftung schon geschenkt?

Ein chinesischer Fischerhafen konnte gerettet und zum Kultur- und Kunstcampus revitalisiert werden – und nicht dem Boden gleichgemacht, wie sonst in jenem Land üblich und kommerziell so dienlich. Nur Wang Shus – und ich denke meine – Sturheit über Jahre haben das vermocht. Heute ist Wang Shu Pritzkerpreisträger und ein weltweites Vorbild für eine Neudefinition unseres Berufsverständnisses.
Denkwürdig im Sinn von erschütternd – und beglückend – ist das seit fünf Jahren laufende Stadtentwicklungsprojekt mit Kairos koptischen Lumpensammlern. Hier haben wir, meine Studenten und ich, hautnah erleben müssen, was politische und religiöse Repression heißt. Trotzdem, gemeinsam mit den Frauen und den Handwerkern vor Ort und Bijoy Jains kollektiver Entwurfserfahrung konnten wir den Hauptplatz der Müllstadt mit selbstgebauten und von Photovoltaik betriebenen Lampions erleuchten, diese Bilder gehen seither täglich über youtube und facebook um die Welt. Hoffnung auf Gleichberechtigung, auf Integration und Toleranz – und auf einen möglichen Fortschritt wird so sichtbar, und unauslöschlich.
Vor zwei Jahren, als Protestprogramm zu einem der vielen sinnlosen Klima-Summits, haben wir im größten Stadtwald des Planeten, dem Tijucawald von Rio de Janeiro begonnen, mit den Favelabewohnern und dem Selbstbau-Meister Kevin Low sanften Tourismus und die dafür nötige erste Leichtbau-Infrastruktur zu entwickeln. In dieser „neuen Welt“ steht Henri Lefevbres „Recht auf die Stadt“ in der Verfassung! Die Menschen sind bürgerrechtlich also viel weiter als wir, wissen genau, was sie brauchen – ein spannender Austausch, von dem wir viel lernen werden.

Kann Architektur also die Welt verändern?

Architektur ist nur ein Werkzeug, ein Katalysator. Jeder einzelne Mensch verändert die Welt.

Eine vorletzte, sehr persönliche Frage. Darf ich die stellen?

Sie können mich alles fragen, Herr Kerbler – ich darf meine Antworten ja selber formulieren.

In ganz Österreich wurden Sie 2005 durch Ihr Waisenhausprojekt in Banda Aceh bekannt. Das Projekt, zu dem Sie Ihre interdisziplinäre Erfahrung einbrachten und viele junge Kärntner aus Fach- und Berufsschulen einbanden, wurde zwar gebaut. Doch dann ging etwas schief. Es wurde nicht besiedelt. Als die Kleine Zeitung das aufdeckte und der Landesrechnungshof in seinen Nachforschungen auch auf überhöhte Baukosten stieß, machte der damalige Landeshauptmann, Jörg Haider, Sie verantwortlich. In einer beschämenden medialen Schlammschlacht schlugen Sie nicht zurück, sondern klärten geduldig und korrekt Ihre Verantwortungen auf, oder besser:

genau diese zwei missglückten Projektbereiche, die nicht in Ihrer Verantwortung lagen. Nachdem Haider dann begann, Sie medial auch persönlich zu diskriminieren, verklagten Sie „das System" strafrechtlich auf Rehabilitierung. Sie bekamen Recht. Haider musste sich öffentlich bei Ihnen entschuldigen, was die Medien gelinde gesagt verschwiegen, da offensichtlich Druck ausgeübt wurde. Wie sehen Sie die Rolle des Herrn Haider und seines „Systems" heute? Fühlen Sie sich immer noch missbraucht?

Missbraucht? Das hätte ich nie zugelassen. Vorher wäre ich aus Kärnten emigriert, einer Region, die mir Heimat geworden war und in der ich meine Kinder großzog. Wir leben jedoch in einem demokratischen Rechtsstaat und auf den vertraute ich. Heute, nach beinahe zehn Jahren, kann die österreichische Öffentlichkeit erfahren, dass ich damals nicht nur verleumdet wurde, sondern auch bedroht.

In Banda Aceh hatten Sie ja auch ein weiteres Projekt entwickelt: ein höchst kreatives „Baukastensystem", man könnte sagen den frühen Prototyp ihrer partizipativen Gestaltungstheorie, gemeinsam mit UN-Habitat. Recycelbares Baumaterial aus den fatalen Flutwellen wurde in einer gemeinsam mit den Überlebenden erarbeiteten Typologie zu Selbstbauhäusern zusammengebaut. Noch heute stehen hunderte der vollkommen unbürokratisch konzipierten Ersatz-Wohnhäuser, die den Menschen erlaubten, auf die Fundamente ihrer von der Flut ausradierten Häuser zurückzukehren. Eben hat Wojciech Czaja dieses Selbstbausystem für konstruktiv „entdeckt" und als geradezu ideales Kettenreaktionsmodell für Katastrophenhilfe- und Entwicklungsprojekte porträtiert: „Wir staunen über die zahllosen Möglichkeiten, was aus Schwemmgut, Bauschrott und Palmenstämmen zu bauen und zu gestalten ist: so viel Farbe, so viel Spontaneität – so viel Witz!" Sie haben nie über dieses Projekt gesprochen, diese wunderbare Kritik geduldig abgewartet. Warum?

Ich habe diese schöne Kritik gerne abgewartet. Und in der Zwischenzeit einfach brav weitergearbeitet. Die Worte meiner Großmutter, einer resoluten Junkersfrau, die über zwei Weltkriege ihre gesamte Vergangenheit und ihre Heimat verloren hat, im Ohr: „Kindchen, Deine eigene Arbeit betrügt Dich nie."

Lassen Sie uns abschließend zu einer ganz anderen Thematik kommen: Vor einigen Jahren begannen Sie Ihre literarische Karriere mit der Veröffentlichung einer Auswahl Ihrer Gedichte, zwei vielbeachtete Romane sind seither erschienen. Als Literatin und Poetin erforschen Sie nicht mehr nur den menschlichen Lebensraum, sondern menschliche Innenräume, die Verletzungen, die Menschen sich zufügen, die Wunden, die sie davontragen. Ihr dritter Roman, „Frau hinter Hecken", ist im Januar erschienen. Worum geht es?

Ich erzähle die wahre Geschichte einer Frau, die sich durch herrschende, sich in Hetze erschöpfende Leistungsdiktate ganz von sich selbst entfremdet. Sie stützt sich auf Medikamente, versucht, zu funktionieren, den Erwartungen zu entsprechen. Vergeblich. Rutscht

ab in Alkohol. Dann wagt sie noch einmal, ein letztes Mal, ehrlich zu sein. Sie wagt den Entzug. Es ist ein stilles Buch, ein literarisches Kammerspiel, klarerweise mit offenem Ende.
Ich lese diese Geschichte da, wo Leid und Hoffnung nebeneinander wohnen, in Therapiezentren, Krankenhäusern, Selbsthilfegruppen.

Ihre gemeinnützige Arbeit und Ihre Forschung findet sich also in Ihrer Poesie und Ihren Romanen wieder -

– und meine Kinder sagen, „am glücklichsten ist sie beim Schreiben".

UNTERNEHMEN DES GELINGENS: LEDERHAAS COSMETICS

WOLFGANG LEDERHAAS

Es ist die alte Geschichte. Es keimt ein Same in der Erde und bringt ein Blatt hervor. Vielleicht gar Frucht und Samen.

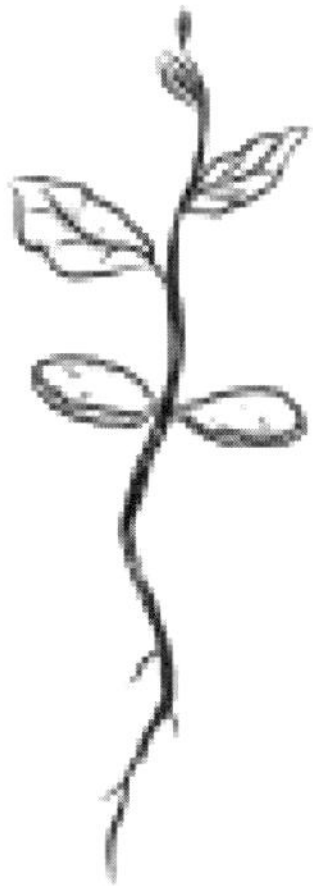

Das zentripetale Kräftewirken der Wurzeln ermöglicht die Verdichtung der Substanz zum Festen. Mit der Wurzel verschmilzt die Pflanze mit der Erde und dem Mineralischen. Ein Stängel formt sich: linienförmig und aufstrebend. Blätter entstehen und weiten sich zur Fläche. Streben die Wurzeln nach unten, hebt sich die Pflanze über der Erde dem Licht entgegen. In der Blüte gestaltet sich die Pflanze um. Die Blüte dient nicht mehr der Lichtaufnahme, sie verliert ihr Grün, bildet andere leuchtende Farben und oft erstaunliche Formen aus. Von einem gemeinsamen Mittelpunkt der Blüte strahlen sonnen- und sternförmige Bildungen, die Blütenblätter, aus. In den Blüten nähert sich die Pflanze dem Tierischen, imitiert manchmal gar deren Physiognomie, tritt in Farbe und Duft mit dem Tierreich in Verbindung. Zentrifugale Kräfte bewirken eine Verfeinerung der Substanz. In Blütenstaub und Duft verströmt sich die Pflanze. Und schließlich: in der Frucht wendet die Pflanze sich ein weiteres Mal an ihre Umwelt, nämlich an jene, die ihre Früchte verzehren sollen.[1]

Pflanzen in dieser Weise zu betrachten, kann nicht ohne Bezug auf Johann Wolfgang

1 Cf. Gerbert Grohmann, *Die Pflanze. Ein Weg zum Verständnis ihres Wesens*, Bd. 1 (4. Auflage), Stuttgart: Verlag Freies Geistesleben 1959.

von Goethe[2] und dessen Rezeption durch Rudolf Steiner[3] geschehen. Letzterer sah die Pflanzen auch nicht zusammenhanglos im Naturganzen stehen, sondern beschrieb mannigfach Wesens-Gemeinsamkeiten, Unterschiede und Wechselbeziehungen zu Tier und Mensch.

Ohne nun dieser anthroposophischen Lehre folgen zu müssen, einfach nur in Anbetracht dieser schönsten Betrachtung des Wesens, der Lebensspanne und des Telos einer Pflanze, stellte sich mir die simple Frage nach der Blüte und Frucht meines *eigenen* Lebens.

***

Meine Damen und Herren, ich bin keine Pflanze! Meine Existenz birgt ein anderes Maß an Freiheit, das mir die größte Herausforderung ist. Eine Freiheit, die jene der Pflanzen übersteigt, ohne dass ich mein Wesen vollkommen von ihnen unterscheiden und trennen mag und eine absolute und ahistorische, oft wesensgemäß gesetzte Grenze der – Steiner würde sagen – „Naturreiche" bemühe; selbst den Menschen dieser Erde wird Freiheit nicht in gleichem Maße zuteil. Satt, wie wir sind, fällt es uns leichter über Pflanzen zu spekulieren, wo anderen diese als Nahrung fehlen.
Pico della Mirandola hat in seinem Werk *De hominis dignitate* ganz trefflich vom Menschen geschrieben:

> „Wir haben dir keinen festen Wohnsitz gegeben, Adam, kein eigenes Aussehen noch irgendeine besondere Gabe, damit du den Wohnsitz, das Aussehen und die Gaben, die du selbst dir ausersiehst, entsprechend deinem Wunsch und Entschluß habest und besitzest (...) damit du wie dein eigener, in Ehre frei entscheidender, schöpferischer Bildhauer dich selbst zu der Gestalt ausformst, die du bevorzugst."[4]

Angesichts der heutigen „natürlichen" Möglichkeiten, – das umfasst, polemisch gesprochen, auch alle technischen – gewinnt das Zitat eine Tragweite, die della Mirandola angesichts von Gentechnik und dem Verwachsen von Mensch und Maschine vielleicht erschrecken hätte lassen. Viel trivialer spürte ich darin aber einfach

2 Cf. u. a. Johann Wolfgang von Goethe, *Versuch die Metamorphose der Pflanze zu erklären*, Gotha: Ettinger 1790. Siehe: http://www.deutschestextarchiv.de/book/show/goethe_metamorphose_1790 (20. Januar 2014).

3 Cf. u. a. Rudolf Steiner, *Einleitungen zu Goethes Naturwissenschaftlichen Schriften. Zugleich eine Grundlegung der Geisteswissenschaft (Anthroposophie). 1883-1894* (Rudolf Steiner Gesamtausgabe, GA 1), Dornbach: Rudolf Steiner Verlag 1987. Siehe: http://anthroposophie.byu.edu/schriften/001.pdf.

4 Pico della Mirandola, *De hominis dignitate* (Über die Würde des Menschen), Stuttgart: Reclam 1997: 9 (Reclam Universalbibliothek Nr. 9658).

den so weiten Möglichkeitsraum meines Lebens.
Dieses Leben brachte mich vom Studium der Germanistik, Philosophie, Psychologie und Pädagogik ins Feld der Diplomatie. Danach zu naturwissenschaftlichen Studien und unternehmerischer Tätigkeit.[5] Ich gründete im Jahr 2011 LEDERHAAS Cosmetics, eine Naturkosmetik produzierende Manufaktur im Herzen Wiens.

***

Naturkosmetik also.

In Lars von Triers Film *Antichrist*, den ich ein naturphilosophisches Werk nennen möchte, (aufgeladen mit und gespeist von Mythologie, Psychoanalyse, Theologie, Gender-Diskurs, film- und kunstgeschichtlichen Zitaten) findet sich folgende Situation: Ein Mann möchte, dass seine Frau folgende fiktive Szene imaginiert und spricht zu ihr:

> „Lie down on the green.
> You want me to lie down?
> Lie down on the grass.
> On top of all the plants?
> Yes, lie down on the plants
> Are you lying down?
> Yes.
> Good.
> What is everything like around you?
> Green.
> It's all very green.
> Good.
> Now will you do what I ask you?
> Yes.
> What do you want me to do?
> I want you ... to melt into the green. Don't fight it. Just - turn - green."[6]

Das Bild zum Text zeigt jene Frau, zu der der Mann spricht, mit ausgestreckten Beinen

5 Indem ich dies schreibe, fühle ich mich – ganz ohne es zu wollen – beinahe faustisch analog die Sphären des Menschlichen ausloten. Bloß dachte ich im Tun bisher nicht an Goethe und sorge mich nun, wo ich's bedenke, um Gretchen.
6 Lars von Trier, *Antichrist*, 2009. Transkription durch den Autor (W. L.).

und ausgebreiteten Händen („exposed") am Rücken in einer Waldwiese liegen. Ihre Handflächen zeigen nach oben, ihre Augen sind geschlossen. Ihr Gesichtsausdruck oszilliert zwischen Entspannung, Anspannung und Konzentration. Es ist nicht klar, ob wir seine Anweisung oder ihre Imagination im Film erblicken. Die Frau war aufgefordert, sich einer inneren Angst zu stellen. Sie sollte jenen Ort imaginieren, der ihr am meisten Furcht bereiten würde. Eden war dieser Ort. Eden: hier der Name einer Waldgegend. In der Nähe von Eden findet sich die Stelle, wo die Frau nun liegt.

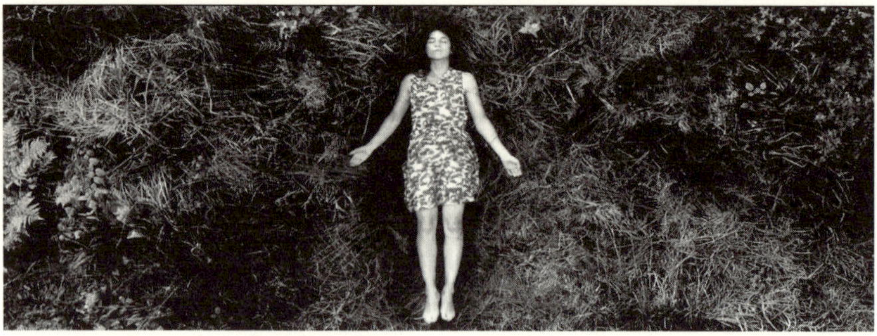

Langsam geschieht, wozu der Mann aufforderte. Die Frau verschmilzt mit dem Boden, dem Grün des Waldes. Ihr Kleid, ihre Gliedmaßen und ihr Kopf ergrünen, ihre Konturen verschwinden. Nach kurzer Zeit ist nur noch die Waldwiese zu sehen. Die Frau ist verschwunden.

Mit der Natur eins zu werden, ist unsere höchste Lust und Furcht. Eine – im Sinne der Epochenbezeichnung – romantische Ambivalenz. Aus Mutter Natur kommen wir, sie ist unser Zuhause und unsere Zukunft ist sie im Tod. Dennoch fühlen wir uns ihr entfremdet und entfernt. Wie sie uns anzieht, stößt sie uns ab. Wir kennen sie und kennen sie nicht.

Wie kaum ein künstlerisches Werk der letzten Jahre, ist dieser Film ein Dokument des Naturdiskurses, der in der westlichen Welt an jeder Ecke geführt wird: vom Eisverkäufer bis zum Grünpolitiker – der Bio-Boom ist nur die Spitze des Eisbergs. Der Film legt angesichts einer oft unerträglichen, oberflächlichen und verharmlosenden Idealisierung von „Mutter Natur" und ihren Erzeugnissen das Augenmerk auf ihre Schrecknisse und Abgründe. Klar ist: Diese Schrecknisse und Abgründe liegen in uns selbst begründet, in unserem Dasein als Natur/Kulturwesen.

***

Und wie kein anderer Ort, ist die Haut des Menschen angetan, Screen dieses Diskurses zu sein: Grenzschicht zwischen den Subjekten bzw. zwischen Subjekt und Objekt

(Identität), Einschreibungsort der Zeitlichkeit (im Altern), Organ der Liebe (in der Berührung) und Schlachtfeld des Kampfes (Wunden), Leinwand und Schautafel (dekorative Kosmetik, Tattoo) – um nur einige Beispiele herauszugreifen.

Meine Herkunft aus den Geisteswissenschaften nicht leugnend, versucht mein Unternehmen, LEDERHAAS Cosmetics, mit Dingen des Alltags in dieses Feld einzugreifen. Wie heißt es bei Novalis:

> „Die Welt muß romantisiert werden. So findet man den ursprünglichen Sinn wieder. (...) Indem ich dem Gemeinen einen hohen Sinn, dem Gewöhnlichen ein geheimnisvolles Ansehn, dem Bekannten die Würde des Unbekannten, dem Endlichen einen unendlichen Schein gebe, so romantisiere ich es."[7]

Und was könnte gemeiner, alltäglicher sein als ein Stück Seife? Alljährlich erscheinen seit 2012 gegen Ende hin ganz besondere Design-Seifenstücke („Concept Soaps"), von Hand in Schachteln verpackt (sogenannte „Collection Boxes"), die sich in synästhetischer Absicht der romantischen Literatur des 18./19. Jahrhunderts („Collection Box 1800", Jahrgang 2012), der Malerei („Collection Box Arnulf Rainer", Jahrgang 2013) und anderen Gegenständen und Themen widmen. Sonderprojekte, wie dasjenige mit Nikolaus Harnoncourt aus dem Jahr 2012, mit dem Ziel, zur Eröffnung der Salzburger Festspiele mit Mozarts Zauberflöte, den Duft der Oper einzufangen, bieten über das Jahr hin Anlässe für kosmetische, das sind oberflächenwirksame Interventionen.

***

7 Novalis, *Fragmente und Studien 1797-1798.*

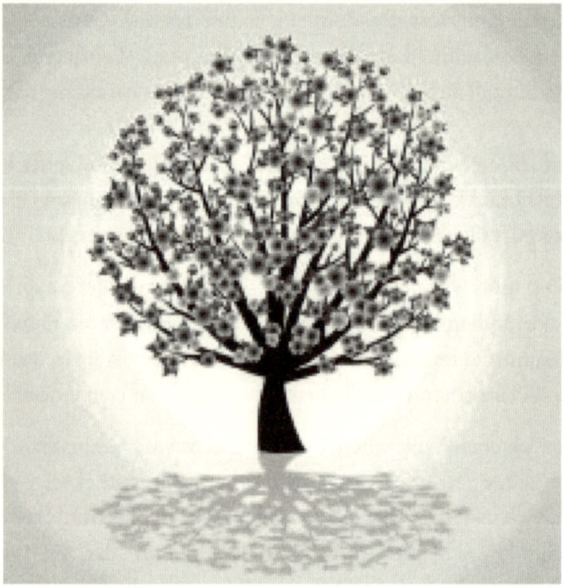

Auf der Suche nach der Blüte und der Frucht meines Lebens, bietet die Beschäftigung mit dem was wir „Mutter Natur“ nennen, reichlich Material zur Reflexion und Betätigung. Müde die Welt nur zu denken, greife ich als Unternehmer auf andere Art und Weise in den natürlichen Kreislauf, den Stoffwechsel der Subjekte und Dinge ein. Und als Produzent lerne ich von der Natur, was Michael Braungart ihr abschaut, nämlich, *wie* man produziert – bekanntlich wie sein berühmter Kirschbaum:

> „Die Natur produziert seit Jahrmillionen völlig uneffizient, aber effektiv. Ein Kirschbaum bringt Tausende von Blüten und Früchten hervor, ohne die Umwelt zu belasten. Im Gegenteil: sobald sie zu Boden fallen, werden sie zu Nährstoffen für Tiere, Pflanzen und Boden in der Umgebung.“[8]

Diese Anforderung ist die Maxime der Marke LEDERHAAS.

Die Frage nach der Blüte und der Frucht meines Lebens, wirft mich auf mein Selbst und die mannigfachen Entscheidungen, wie ich in meiner Freiheit *mein* Wesen in *meinem* Leben in seiner kurzen Spanne zur *besten* Entfaltung bringe, zurück. Sich dies als Unternehmer aber auch als Konsument im Zeitalter eines zügellosen, alles und jeden ergreifenden Kapitalismus zu fragen, ist ein Gebot der Stunde. Denn:

8 Michael Braungart, in: Holger Fuss: *Die Klugheit des Kirschbaums*, Berliner Zeitung (26. Juni 2004).

> „(...) das schlichte Bedürfnis zu leben, wandelt sich, wenn es nicht gerechtfertigt ist, in eine Knechtschaft, durch die wir uns als Sklaven der Technik und dessen empfinden, was ihre offenkundige Konsequenz ist: der Kapitalismus als unendliche Produktion von herstellbarem, austauschbarem und zu exponentiellem Wachstum fähigen Wert. Der Wert als Geldwert repräsentiert gewissermaßen die verkehrte Natur: Er wächst von selbst, seine Entfaltung aber vermischt sich mit einem unbegrenzten Wachstum ohne Blüte und Frucht."[9]

Produkte, die andere Werte und Diskurse in sich führen, anders erzeugt, vertrieben und verbraucht werden, sind in der Lage, eine Alternative aufzuzeigen. Individuen finden in einer solchen Gesellschaft – um mit Nancy zu sprechen – „eine Rechtfertigung für ihr schlichtes Bedürfnis zu leben" und stets vorläufige, jedoch befriedigendere Antworten auf die Frage nach ihrem Telos. Unternehmen des Gelingens operieren in dieser Weise.

***

Nach der Blüte und Frucht, dem Ziel und der Verwirklichung meines Wesens, meines Lebens zu *fragen*, bedeutet nicht, das Ergebnis je in Erfahrung zu bringen. Es bedeutet sich auf den Weg zu machen. Aber nicht alleine, sondern *mit* dieser stets unbekannten Natur: den Menschen, Tieren, Pflanzen, Steinen und allem, was es noch zu entdecken gilt:

> „Ich hörte einst von alten Zeiten reden; wie da die Tiere und Bäume und Felsen mit den Menschen gesprochen hätten. Mir ist gerade so, als wollten sie allaugenblicklich anfangen, und als könnte ich es ihnen ansehen, was sie mir sagen wollten. Es muß noch viele Worte geben, die ich nicht weiß: wüßte ich mehr, so könnte ich viel besser alles begreifen."[10]

9 Jean-Luc Nancy, „Von der Struktion", in: *Die technologische Bedingung. Beiträge zur Beschreibung der technischen Welt*. Erich Hörl (Hrsg.), Berlin: Suhrkamp 2011: 58 (Schriften des Internationalen Kollegs für Kulturtechnikforschung und Medienphilosophie. Bd. 8).

10 Novalis, *Heinrich von Ofterdingen*, Stuttgart: Reclam 2010: 9 (Reclams Universalbibliothek; 8939).

FREUDE DURCH ZIELEXPLORATION MIT DEM UNTERBEWUSSTSEIN. SINN UND ARBEIT

SENANA LUCIA BRUGGER

Das Thema dieses Jahr lautet „Aufbruch“. Aufbruch, das heißt auf zu neuen Ufern, heißt Abenteuer, heißt auch Loslassen des Bekannten und Vertrauten. Aufbruch befindet sich im Spannungsfeld zwischen dem *hin zu* einer neuen Welt und dem *weg von* einer bisherigen Heimat. Aufbruch vereinigt in einem Atemzug Vorfreude und den Schmerz des Abschieds, Angst und den Kitzel des Abenteuers. Aufbruch kann wehtun, Aufbruch kann verzaubern. Was macht den Unterschied zwischen einem Aufbruch *weg von* und *hin zu* aus?

Aufbruch, der kein Weglaufen ist, orientiert sich an einem *Sinn* wie an einem Nordstern. Diese Beziehung des Aufbruchs zum Sinn wird im Spanischen besonders deutlich. Dort steht das Wort *sentido* gleichermaßen für *Sinn* wie für *Richtung*. In einer Welt jedoch wo Sinn immer weniger durch zentrale Institutionen und für immer weniger Menschen durch den Glauben gestiftet wird, ist Orientierung zentrales Thema. Mit dem Aufbruch soll Sinn heraus aus den Kathedralen, hinein in diese neue Welt, die Arbeitswelt, die Welt des Alltags von Morgen.

Das führt im nächsten Schritt zu folgender Frage: Woran orientieren sich die Helden von morgen heute? Wie funktioniert das mit dem Sinn? Diese Fragen sind ebenso praktisch wie knifflig. Die Antworten können den Unterschied zwischen Aufbruch und Sitzenbleiben bedeuten. Die Frage was Sinn *ist* führt allerdings schnell in die Jagdgebiete von Philosophie, Religion oder Wissenschaft und bekommt so leicht etwas Frustrierendes. Praktischer und für den Nutzer anwendbarer ist die Frage: Wie *funktioniert* Sinn, wie *verhält* er sich?

Die Metaphern der deutschen Sprache bieten uns einige mögliche Verfahrensweisen mit Sinn an. Kann man Sinn geben, so wie ich meinem Kollegen meinen Mantel geben kann? Wenn ja, wer kann Sinn geben und wie und von wem kann man ihn nehmen? Wird Sinn gefunden, wie man eine Münze am Wegrand findet? Wenn ja, würde das implizieren, dass Sinn irgendwo unabhängig von Personen „herumsteht“ und einfach gefunden werden kann. Woran würde man dann erkennen dass man einen „Sinn“ vor sich hat, und nicht etwa eine Münze? Im Englischen kann „etwas“ Sinn machen, („it makes sense“), was wiederum die Frage nahelegt wie sich dieser Akt des „Sinn Machens“ gestaltet und warum ihn sprachlich gesehen ausgerechnet der Gegenstand ausführen kann, der in Folge dann sinn-voll ist. Das Spanische sagt, etwas „hat“ Sinn („tener sentido“), darüber wie der Sinn dorthin gelangt, schweigt es. Kann man Sinn stiften? Kann er gar stiften gehen (kleiner Scherz am Rande)? Um Antworten auf diese Fragen einen Schritt näher zu kommen, konzentrieren wir uns, metaphorisch gesprochen, zunächst nicht auf den Nordstern, sondern auf den Navigator.

Wir vom Projekt „Drei Wellen" glauben, dass das Leben zu kurz ist, um nicht zu einem schönen Ort gemacht zu werden. Deshalb befähigen wir mit unserer Arbeit Menschen dazu, schneller und zielgerichteter „aufzubrechen". Zu diesem Zweck arbeiten wir mit Motivation und dem Umsetzen eigener Ziele. Wir helfen Menschen dabei, die Quellen ihrer eigenen tiefsten Motivation freizulegen und daraus eigene, passende Ziele zu entwickeln, zu planen und im Folgenden über den geeigneten Weg und mögliche Zielanpassung zu reflektieren. Wir sprechen dazu das Unterbewusstsein mit einer Vielzahl von Techniken aus den unterschiedlichsten Disziplinen an. Wir halten den inneren Schweinehund, das Talent oder das „ich kann das nicht" für mythische Wesen.

Für uns lässt sich eine erstaunlich große Menge an Problemen auf zwei simple Bausteine zurückführen – „Lernen" und „Entscheiden". Warum? Weil dies die beiden Punkte sind, an denen jeder Einzelne immer ansetzen kann. Sie sind das, was dem Navigator überhaupt erst ermöglicht, einen Nordstern als solchen zu erkennen um ihn dann anzusteuern. Lernen ist notwendig, um etwas Neues aufzunehmen oder etwas Bekanntes zu „vergessen", also zu ver-lernen. Ob ein Aufbruch *hin-zu* oder *weg-von* etwas erfolgt, ist eine Frage der Entscheidung. „Aufbrechen", „neue Wege gehen", „etwas bewegen", all das sind Metaphern. In der Praxis macht, sagt oder denkt jemand etwas anders, als er es vorher gemacht, gesagt oder gedacht hat. Neue Wege beschreiten heißt vor allem neue Pfade im Gehirn anlegen. Die Bewegung des Aufbrechens selbst ist also, aus Sicht des Aufbrechenden, im Kern *Lernen*. Jeder von uns hat zu jedem Zeitpunkt die Freiheit, etwas zu entscheiden oder etwas zu lernen. In einer Welt die nicht immer so viel Aufbruch zulässt, wie wir es uns wünschen, bedeutet diese Freiheit Macht. *Wer etwas bewegen will, muss zuerst sich selbst bewegen. Lernen* kann der Motor sein, der Veränderung antreibt. *Lernen* über das Bekannte kann überhaupt erst die Möglichkeit oder Notwendigkeit eines Neuen aufzeigen. Die Kreativität, die es braucht, um neue Wege zu beschreiben, ist ein Zwilling des *Lernens*. Veränderung beinhaltet auch immer Risiken und Rückschläge. *Lernen* mit dem Stress des Neuen umzugehen, ist die Voraussetzung für die Fähigkeit, sich Herausforderungen überhaupt stellen zu können. *Lernen* schöpft aus dem Funken der Neugier, die zentrales Element der Wissenschaft ist.

Aber wie passt das mit der Erfahrung aus Schule und Beruf zusammen, wo unter Lernen häufig etwas Schmerzhaftes, Langweiliges oder Mühseliges verstanden wird? Es gibt mindestens zwei Arten von Lernen, die wir als Lernen und *Lernen* differenzieren wollen. *Lernen* ist dabei dem Spielen näher als dem Lernen, so scheint es.

Das Lernen, welches viele von uns in der Schule kennen gelernt haben. Es ist zeitlich begrenzt und findet außerhalb des Anwendungskontextes statt. Zerschnitten in zeitliche Einheiten, die Schulstunden, und streng getrennte „Fächer", findet es meist ohne persönliche Motivation statt. Es verläuft gerne abstrakt, überwiegend verbal, und damit immer *explizit.* Lernen erfordert bewusste Anstrengung, man weiß wann man lernt und wann man nicht lernt. Es ist individualisiert, jeder „lernt" einzeln. Soziales Lernen wird als „schummeln" oder „stören" bestraft.
Das *andere* Lernen, das *Lernen,* steht dazu in jeder Hinsicht als Gegensatz. *Lernen* geschieht ständig; wir können nicht *nicht lernen.* Es ist situiert, das heißt neues Wissen ist an einen bestimmten Kontext gebunden und wird in Verbindung mit diesem abgespeichert. *Gelernt* wird stets aus der eigenen Perspektive, egozentrisch und eigens motiviert. Es geschieht mit dem ganzen Körper und braucht konkrete Erfahrung. Vor allem aber geschieht es überwiegend implizit. Implizites Lernen ermöglicht es, etwas zu können, ohne es erklären zu können. Das macht die besten Könner manchmal zu den schlechtesten Lehrern. Dem *Lernen* ist der *soziale* Aspekt inhärent. Wir lernen voneinander, füreinander, miteinander, mitunter auch gegeneinander. *Lernen* braucht keine explizite, bewusste Anstrengung, es geschieht einfach nebenbei.
Das ist das *Lernen,* das auch Hunden, Eichhörnchen oder Seesternen innewohnt. *Lernen* verbindet uns mit dem Wesen des Lebens an sich. Wir Menschen sind einfach ganz besonders gut darin. Dies hat uns den Titel *„sapiens"* eingebracht. Genau genommen haben wir ihn uns selbst gegeben, in Büchern, den wunderbaren Ergebnissen unserer Fähigkeit zu *Lernen.*

Was in uns ist denn nun aber der Navigator, der seinen Nordstern ansteuert? Diese Ebene ist so unbewusst, dass sie umgangssprachlich gar keinen Namen hat. Sie ist so grundlegend, dass sie unsichtbar wird, so wie für den Fisch das Wasser, in dem er schwimmt.

Um beim Fisch zu bleiben: Man sagt, Nachhaltigkeit bedeutet, einem Mann das Fischen beizubringen, anstatt ihm einen Fisch zu schenken. Fischen wäre in diesem Fall die allseits bekannte Fähigkeit, der Fisch das Ergebnis. Aber wie ist es mit dem Menschen, der das erste Mal einen Fisch gefangen hat? Wie ist irgendjemand auf das Konzept des Fischens gekommen, hat Haken und Köder *erfunden,* irgendjemand muss es sich ja schlussendlich *selbst* beigebracht haben?

Nähern wir uns dieser namenlosen Ebene zunächst durch eine Geschichte.

Sie handelt von meinem Freund Bengt. Bengt ist Guru, genauer gesagt, Guru des Computerprogrammierens. Als er 11 war, stellt ihm sein Vater einen Computer und Bücher ins Zimmer und sagte: „Mach mal, Sohn“. Sohn machte und war mit 17 Jahren Programmierer bei Microsoft, während er nebenher noch zur Schule ging. Einige Jahre später, der Arbeitsmarkt hatte sich gewandelt, wollte er neben den Fähigkeiten auch noch den entsprechenden Hochschulabschluss erlangen. Bengt ging also an die Uni. Dort traf ich Bengt und Bengt traf auf Mathe. Auch wenn Programmieren direkt auf Mathematik basiert, kann man es erlernen ohne sich mathematische Fähigkeiten anzueignen. Bengts Erfahrungen waren durchschnittlich. Erste Aufgabe: Induktion, ausgelegt auf 4 bis 8 Stunden, je nachdem wie viel Vorwissen vorhanden war. Bengt nahm diese Aufgabe und verschwand in seinem Zimmer. Man hörte ein Fluchen. Das Fluchen wurde lauter, sein Gesichtsausdruck düsterer. Nach anderthalb Wochen kam er aus seinem Zimmer, strahlte, als wäre er der König der Welt, und rief: „Ich hab es VERSTANDEN!“ Dieses „VERSTANDEN“ ist zu unterscheiden von einem einfachen „verstanden“. Verstanden hatte ich es auch. VERSTEHEN heißt begreifen, ver-innerlichen, an-eignen, in Fleisch und Blut übergehen lassen – die deutsche Sprache ist da sehr schön in ihren Metaphern. Weil es so ver-körpert war, konnte Bengt auch verkörperte Schmerzen erleiden, wenn er einen schlecht geschriebenen Code sah. VERSTEHEN benötigt ent-decken, oder wie es so schön heißt, Dinge in Herz und Verstand wiegen. Das deutet schon an, dass an diesem Vorgang verschiedene Systeme beteiligt sein müssen. VERSTEHEN heißt *lernen* im Unterschied zu lernen.

Leider ist die Uni nicht auf VERSTEHEN ausgelegt. Wer den Stoff nicht schon in Grundzügen beherrscht oder einfach Überflieger ist, hat die Wahl zwischen VERSTEHEN und bestehen. Deshalb hab ich die Prüfung bestanden, und Bengt kann Programmieren.

In meiner Familie war das VERSTEHEN von mathematischen Zusammenhängen so etwas wie ein Familienhobby. Ich bin aufgewachsen im Schoße einer Familie mit mehreren Generationen von Mathematikerinnen. Meine Urgroßtante Lotte bekam der Familienlegende nach als erste Frau vom Kaiser die Sondererlaubnis in Wien Mathematik zu studieren. Diese Tante Lotte wurde Mathematikprofessorin zu einer Zeit, als ihre Schwester, meine Urgroßmutter, noch keine andere Wahlmöglichkeit kannte als Hausfrau zu werden. Meine Großmutter war Lehrerin für Mathematik und Physik, und das aus Leidenschaft. Ihre Art, einem achtjährigen Kind die Relativitätstheorie zu erklären, setzte einen Maßstab für gute Lehrer. Meine Mutter, ebenfalls Mathematiklehrerin, vermittelte mir Ehrfurcht vor Mathematik als Sprache, die das Universum beschreibt. Sie überzeugte ihre Schüler davon, dass jeder Mathe kann und dass es früher oder später auch Spaß macht. Den Widerwillen Anderer gegenüber diesem Fach konnte ich nie verstehen, auch wenn ich selbst nie so viel Sinn darin fand, dass ich es ernsthaft in die Tiefe verfolgt hätte. Nach den Nachmittagen mit meiner Mutter, die mir in bunten Beispielen Formeln be-greifbar machte und ihre Bedeutung mit durch-spielte, war das, was uns dort an der Uni vorgesetzt wurde, für mich unbegreiflich. Es wirkte, als wollte man mir mit Absicht den Kontext dieser wundervollen Formeln vorenthalten.

Programmieren dagegen hatte ich ganz anders *gelernt* – und zwar von Bengt: Ein denkwürdiges Wochenende, vier Jungs, Unmengen Kaffee, mir wurde Java vorgesetzt (die Programmiersprache, nicht der Kaffee) und gesagt „Mach mal!". Ich spielte mit dem Code und konnte alle Fragen stellen. Am Ende des Tages schaute ich drein wie der König der Welt – ich hatte mein erstes kleines Programm geschrieben. Dieses Erlebnis trug mich über anderthalb Semester Uni. Was machte dieses Programmierwochenende so mächtig? Diese Frage lässt mich seither nicht los. Sie ist, wie die Frage nach dem ersten Fischer.

Nach langem Nachforschen, nach in Herz und Verstand wiegen, gab es eine partielle Antwort. Die unsichtbare Ebene, der Navigator, der den Sinn anpeilt, hat einen Namen: Ich habe nicht Programmieren gelernt, ich habe vielmehr die *Metafähigkeit* zu programmieren gelernt.
Was ist das, eine Metafähigkeit?

Das Konzept der Metafähigkeit wurde von der Lehrerin, Schulpsychologin, Hochschuldozentin und Lerntherapeutin Betty Garner untersucht und nutzbar gemacht. Sie untersuchte, was „begabte" von „weniger begabten" Schülern unterschied und entdeckte, dass die „begabten" Schüler für den Erfolg nötige *Metafähigkeiten* besaßen. Garner nennt sie *kognitive Strukturen.* Diese mentalen Werkzeuge sind die grundlegenden mentalen Prozesse, mit denen aus Informationen Sinn „gemacht" wird. Sie sind *miteinander verknüpfte psychische Systeme* und Prozesse, die uns das „Denkzeug" in die Hand geben, um Informationen zu reflektieren, zu ordnen und zu beurteilen und uns daraus innere Bilder oder Karten der Welt zu machen. Sie ermöglichen es uns, *Lernen* zu *erlernen.* Eine Metafähigkeit ist das, was es beispielsweise dem Urfischer ermöglichte, sich das Fischen anzueignen.
Metafähigkeiten unterscheiden sich von Fähigkeiten auch dadurch, dass man sie einem Schüler nicht „beibringen" kann. Garner sagt, sie „löst sie aus": Sie bringt den Schüler in einen Kontext in dem es möglich ist, das, worum es geht, zu beobachten. Dann ermöglicht sie es den Schülern durch gezielte, die Reflexion anregende Fragen, selbst zu VERSTEHEN und ein AHA-Erlebnis zu haben. Man kann Metafähigkeiten also nicht lernen, sondern nur *lernen.*

Die Psychologin Carol Dweck von der Stanford Universität erforschte eine weitere Metafähigkeit: Den Umgang von Kindern mit Rückschlägen und Fehlern. Sie nannte es *Mindset.* Schüler, die glaubten, Eigenschaften und Fähigkeiten seien angeboren und unveränderlich, empfanden Scheitern als persönlichen Schlag gegen ihren Charakter und ihren Wert als Mensch. Sie scheuten daher schwierige Herausforderungen, um ihren Selbstwert zu schützen. Überhaupt waren sie weniger bereit und in der Lage, Neues zu lernen. Schüler die hingegen glaubten, Eigenschaften und Fähigkeiten entstünden und veränderten sich durch Handlung, empfanden Scheitern als interessante Herausforderung. Sie suchten die Schwierigkeit und wurden daher zügig besser im gewählten Gebiet. Dweck nennt ersteres *fixed mindset,* letzteres *growth mindset.* Wie schon Garner vor ihr, stellte sie fest, wie unglaublich weitreichend bereits die Wirkung einer einzigen Metafähigkeit ist. In Garners Fall war es der Unterschied zwischen „dumm" und „begabt". Schüler, die als „dumm" und „langsam" bezeichnet wurden, ernteten plötzlich das Etikett „begabt", nachdem sie bestimmte kognitive Strukturen erlernt hatten, wie etwa Dinge in Kategorien einzuteilen, räumliche und zeitliche Orientierung, oder das Denken in Metaphern. Dweck fand heraus, dass der Sprachgebrauch von Eltern und Erziehern allein das „Mindset" ändern kann. Lob für Leistungen und Tätigkeiten, statt Lob für Ergebnisse, machte in Dwecks Beispiel den Unterschied zwischen Aufbruch und Angst, zwischen Freude an oder Vermeiden von Herausforderungen.

Unglücklicherweise werden Metafähigkeiten so implizit und „nebenbei" erworben, dass sie unsichtbar werden. Das führt dazu, dass sie umgangssprachlich gern dem Charakter zugeschrieben werden, als Gefühle, Einstellungen, Gewohnheiten oder Strategien durchgehen. Um bei dem Beispiel des Programmierens zu bleiben, wenn ich aufzählen müsste, was ich als meine erlernten Metafähigkeiten zu Programmieren bezeichnen würde, wären das:

- Eine gewisse Arroganz bis hin zu gesundem Größenwahn. Die tief empfundene Haltung „wenn es jemand können kann, kann ich es auch", „wenn es nicht funktioniert, ist es selbstverständlich doof, ich bin großartig". Die Fähigkeit, von dieser Überzeugung unter keinen Umständen abzuweichen.
- Eine andere Sicht auf und ein angemessener Umgang mit Frust, Fehlern und Erfolgen. Es gilt, wenn man fünfmal zielt, wirft und nicht trifft, das einfach achselzuckend hinzunehmen. Trifft man beim sechsten Mal, ist das ein Grund zur Freude und dieser sollte man auch Ausdruck verleihen. Das allein, übertragen auf Codes, kann den Unterschied ausmachen zwischen frohem Programmieren und schmerzvollem Scheitern.

- Strategien des Nachschlagens und Filterns der Ergebnisse. Wie arbeite ich mit einem Manual ohne wahnsinnig zu werden? Wie lernt man Codes? Am Besten am Beispiel, durchaus durch nur halb verstehendes Abschreiben. Metafähigkeit zu Programmieren beinhaltet die Fähigkeit sich lange einer großen Menge unbekannter Informationen auszusetzen und irgendwie daraus etwas wie einen Überblick zu generieren.
- Das Wichtigste: „Mach einfach! Du kannst nichts kaputt machen. Notfalls installieren wir alles neu, das musst du eh üben."

Aber ist das nicht alles viel zu mühsam? Warum soll man sich damit überhaupt auseinandersetzen? Können Ergebnisse nicht auch über konventionelles Lernen erreicht werden? Manches mag sogar besser klappen, sonst wäre lernen statt *lernen* nicht so umfassend in verschiedenen Institutionen implementiert, oder?

Bengt würde darauf vermutlich etwas anderes antworten als sein Mathematikprofessor. Meine Antwort ist, die Besonderheit am Lernen liegt darin wie weitreichend das Wissen einsetzbar ist. Bengt hat VERSTANDEN was Induktion ist und ab diesem Zeitpunkt ist die Formel für ihn wie ein Zauberspruch für Harry Potter. Sie gibt ihm die Macht, Probleme zu lösen. Alles was er VERSTANDEN hat, ist ihm „in Fleisch und Blut übergegangen", daher dauert der Vorgang im ersten Moment auch länger. Das Abrufen funktioniert jedoch nicht nur schnell und ohne nachzudenken, sondern intuitiv zum geeigneten Zeitpunkt. Es erklärt ihm die Welt. Das ist die Fähigkeit, sich an komplexe Umwelten intelligent – schneller – anzupassen. Und nicht zuletzt wohnt in der Metafähigkeit ein hohes Potenzial an Freude.

Lernen und das Anstreben von Metafähigkeiten ist dem Lernen überlegen, wenn es um Kreativität geht, wenn es gilt, Probleme selbstständig zu lösen. *Lernen* ist die Basis für Innovation. Nicht zuletzt bietet *Lernen* das Potenzial für tiefere, weitreichendere *Freude.*

Freude – auch hier gilt es, dem Wort genau nachzuspüren und dem Phänomen dahinter zuzuhören. Mihály Csikszentmihalyi, auch bekannt als der Mann mit dem unaussprechlichen Namen und dem FLOW-Konzept, hat sich als einer der Ersten der Glücksforschung gewidmet. Der Designer und Psychologe ging der Frage nach, was Glück eigentlich ist. Dafür führte er eine kulturübergreifende Studie durch, in der er Menschen dabei beobachtete, wie sie „den Zustand optimaler Erfahrung" erlebten. Es zeigte sich, dass die Tätigkeiten und Orte völlig verschieden waren, das Erleben selbst jedoch erstaunlich gleich. Er nannte dieses Phänomen „FLOW". Er hat keine direkte Übersetzung, wir benutzen den Begriff „Freude" im Gegensatz zu „Spaß". Freude ist das Empfinden der Zeitvergessenheit des Kindes beim freien Spiel, das Vergessen von Anstrengung und Sorgen des Kletterers auf der Wand, das völlige Versunken sein des Mathematikers in seine Tafel, der, wenn angesprochen, gar nichts hört.

Spiel und Freude haben oftmals einen schlechten Ruf. „Müssen" manche Dinge langweilig sein? Muss Lernen nicht wehtun? Ist Spielerisches nicht per Definition sinnlos? Ist Freude nicht das Gegenteil von Ernst, macht man sich im Wertschätzen dieses Gefühls nicht der Leichtfertigkeit schuldig? Hier gilt es wieder zu differenzieren.

Um es in einer Metapher auszudrücken: Freude ist ein Kuchen, dessen Zutaten man selbst anbaut, der eigenhändig zubereitet und gebacken wird. Spaß ist der süße Zuckerguss oben drauf. Freude aber ist der ganze Kuchen. Der schmeckt nicht immer süß, aber er schmeckt und nährt das Selbst. Was aber ist mit unserem Nordstern, dem Sinn? Um in der Metapher zu bleiben: Sinn ist das, was aus dem Kuchen einen Geburtstagskuchen macht. Sinn geben, machen, stiften oder haben, kann derjenige, der in der Lage ist, dieses Lichtlein anzuzünden. Und unserer Meinung nach gedeiht es auf dem Kuchen der Freude, des *Lernens,* ganz besonders gut.

Schließen möchten wir mit dem Neurobiologen Gerald Hüther, der über die Freude sagt: „Begeisterung ist Dünger fürs Gehirn". Wir sagen, Metafähigkeiten sind das, was hilft, aus Dung Dünger zu machen.

STOP TALKING. START PLANTING. ALLES WÜRDE GUT

FELIX FINKBEINER

„Wenn ich wüsste, es ginge morgen die Welt unter, würde ich heute ein Apfelbäumchen pflanzen.“

Martin Luther

Wahrscheinlich ist genau das der Grund, warum sich uns immer mehr Kinder, Jugendliche und Erwachsene auf der ganzen Welt anschließen und Bäume pflanzen. Die Bäume sind die einzigen „Maschinen“, die das für die Klimakrise verantwortliche Treibhausgas CO_2 binden.

Zusätzlich wollen wir aber mit dieser weltweiten Aktion des Bäumepflanzens natürlich noch viel mehr erreichen.

WIE ERLEBEN WIR KINDER UND JUGENDLICHEN DIE GLOBALEN HERAUSFORDERUNGEN?

Wir Menschen stehen vor extremen Herausforderungen. Junge Menschen erben von den Erwachsenen nicht nur einen unvorstellbaren Schuldenberg, sondern auch ein beeindruckendes Himalaya-Bergmassiv an ungelösten Problemen und Herausforderungen.

1. Das Weltbevölkerungswachstum geht weiter und in wenigen Jahren werden fast 50% mehr Menschen als heute auf dieser Erde leben, die alle einen ressourcenintensiven Lebensstandard anstreben, der dem unseres europäischen oder US-amerikanischen entspricht, damit aber die Tragfähigkeit der Erde um ein Vielfaches übersteigt.
2. Das gebrochene Versprechen, die Entwicklungsziele der Vereinten Nationen (MDGs) bis zum Jahr 2015 umzusetzen. Angeblich war kein Geld da.
3. Die Kosten der Finanzkrise 2008 und die Rettung der Banken, die diese Krise selbst ausgelöst haben, kostete ein Vielfaches der MDGs. Allein mit dem Geld, das die Steuerzahler für die Rettung einer Bank, der Hypo Real Estate in München, ausgegeben haben, hätten die MDGs weltweit für mehr als ein Jahr finanziert werden können. Heute spielen die Banker mit Finanztransaktionen im Nanosekundenbereich weiter, in einem Finanzsystem, das immer noch unangemessen reguliert ist.

Diese Problem-Komplexe verdichten und gewichten wir Kinder und Jugendliche, wie Studien von Bertelsmann und Shell belegen, auf zwei Hauptprobleme: 3/4 aller Kinder und Jugendlichen in Deutschland sehen die Klimakrise und die weltweite Armut als die beiden größten Herausforderungen der Menschheit an. „Klima-Gerechtigkeit" lautet deswegen zusammengefasst auch die Forderung vieler Kinder und Jugendlicher weltweit.

1. Die **Armutskrise** mit 30.000 Menschen, davon hauptsächlich Kinder, die jeden Tag verhungern. Auch wenn wir die Sklaverei vor 200 Jahren offiziell abgeschafft haben, so sind die heutigen Plünderungsprozesse in der modernen Sklaverei, nur intelligenter organisiert.
2. Die **Klimakrise**, bei der wir jeden Tag so viel Kohlenstoff (C) in Form von Kohle, Erdöl oder Erdgas aus der Erde holen und als CO_2 in die Atmosphäre pusten, wie die Sonne in einer Million Tage dort gespeichert hat.

Für einige Erwachsene ist 9/11 der schwärzeste Tag. 12/11 ist der schwärzeste Tag für uns Kinder. Seit fast zwei Jahrzehnten versprechen die Erwachsenen, dass die Temperatur um nicht mehr als 2°C ansteigen wird und verhandeln über das Klima. Zuletzt mit einem klaren Auftrag, einen Anschlussvertrag für das Kyoto-Protokoll zu vereinbaren, das Ende 2012 auslief. Am 11. Dezember 2011 verkündeten sie das Ergebnis auf der Klimakonferenz im südafrikanischen Durban: Im Jahr 2020 soll es einen neuen Vertrag geben. In den Jahren 2013 bis 2019 gibt es keinen Vertrag und jeder kann so viel Treibhausgase rauspusten, wie er möchte. Spätestens 12/11 haben die Erwachsenen ihr Versprechen gebrochen, dass die Durchschnittstemperatur nicht über 2°C steigen wird. Dieses 2-Grad-Ziel ist aber überlebenswichtig, denn bei einem Anstieg der Durchschnittstemperatur um 2,3°C oder 2,4°C wird das Grönlandeis vollständig schmelzen und der Meerwasserspiegel um bis zu sieben Meter ansteigen. 40% der Weltbevölkerung lebt in Küstennähe.

Damit die Temperatur nicht über 2°C ansteigt, darf jeder Mensch auf der Welt nur maximal 2t CO_2 im Jahr ausstoßen und damit die Temperatur nicht über 1,5°C ansteigt, nicht mehr als 1,5t CO_2. Wir liegen heute bei 6t CO_2 pro Kopf und Jahr. Keiner weiß, was +5 oder +6°C Anstieg der Durchschnittstemperatur bedeuten wird, aber wir wissen, dass 2 km Eis über uns lagen, als die Durchschnittstemperatur nur 5°C niedriger war als heute.

WARUM VERSCHÄRFT SICH DIE HEUTIGE SITUATION WEITER?

Die Armen leiden am meisten unter der Klimaveränderung und damit vergrößert sich die Kluft zwischen Arm und Reich. Gleichzeitig stehen die nationalen Demokratien unter dem Druck der Globalisierung: Deswegen verschlechtert sich auch dort die soziale Gerechtigkeit und wir sprechen in einem reichen und ehemals sozial gerechten Land wie Deutschland inzwischen offen von Prekariat. Dazu kommt, dass sich viele der globalen Herausforderung, vor der wir als Menschheit heute stehen, nicht linear, sondern exponentiell entwickeln.

WIR KENNEN DIE HERAUSFORDERUNGEN, ABER WARUM WIRD SO WENIG GETAN?

Um die Zukunft einzelner Automobilkonzerne, Banken oder Staaten zu retten, wurden und werden riesige Summen bezahlt. Aber warum investieren die Erwachsenen nicht ähnliche Summen oder viel mehr in die Energiewende und damit in die Zukunft ihrer Kinder?

Warum wird so wenig getan? Liegt es an der unterschiedlichen Wahrnehmung von Zukunft? Liegt es also daran, dass wir Kinder die Erwachsenen nicht in Haftung nehmen können, weil sie tot sein werden, wenn wir die Probleme ausbaden müssen, die sie nicht gelöst haben? Und würden sich manche Erwachsene anders verhalten, wenn das anders wäre?

WARUM MACHEN WIR NACHHALTIGKEIT NICHT ZU UNSEREM ÜBERLEBENSKONZEPT?

Nachhaltigkeit ist für uns keine Floskel für Sonntagsreden und Geschäftsberichte. Nachhaltigkeit verbunden mit Freiheit und Menschenrechten ist das einzige Überlebenskonzept für uns Kinder. Unternehmen brauchen keine Abteilungen für Nachhaltigkeit, sondern Nachhaltigkeit muss das Ziel eines jeden Unternehmens sein. Und zwar schnell, denn sonst haben wir Kinder keine Zukunft.
Die Erwachsenen sollten von den Förstern lernen, die vor 300 Jahren diesen Begriff „erfunden" haben, genauer gesagt, hat der sächsische Oberberghauptmann Carl von Carlowitz im Jahr 1713 das Prinzip der Nachhaltigkeit begründet. Alles, was sie ernten, verdanken die Förster der Arbeit ihrer Vorfahren. Alles, was Förster ihr Leben lang tun, tun sie für die nachfolgenden Generationen. Manche Unternehmen sind stolz auf ihre Gewinne. Aber ist es eine Leistung, auf Kosten von uns Kindern Gewinne einzufahren, vergleichbar mit dem Ernten von Bäumen ohne Wiederaufforstung?

LEBEN WIR ÜBERHAUPT NOCH IN EINER DEMOKRATIE?

Egal welchen herausragenden, demokratisch gewählten Politiker wir nehmen, Barack Obama oder Angela Merkel, bei beiden erleben wir, dass sie national gewählt und legitimiert sind. Allerdings sind die oben beschriebenen Menschheitsherausforderungen mit nationalen Instrumenten nicht oder nur sehr unzureichend zu lösen. Gleichzeitig ist in der Globalisierung der Vorrang der Politik gegenüber der Wirtschaft verlorengegangen. Damit stecken wir nicht nur in einem Dilemma, sondern gleich in einem Trilemma, denn Globalisierung, nationale Souveränität und nationale Demokratie sind nicht gleichzeitig möglich. Was wir derzeit erleben ist eine Entwicklung eindeutig zu Lasten der Demokratie.

Die Demokratie wird heute vor allem durch Geld und Macht ausgehebelt. Lobbyismus gab es schon, seit es Parlamentarier gibt, aber das, was wir heute erleben, ist kein anständiger Lobbyismus mehr. Das, was wir heute erleben, ist die schiere Macht des Geldes.

Im Januar 2010 verlieh das Oberste Gericht der Vereinigten Staaten von Amerika Menschenrechte an Kapitalgesellschaften. Unternehmen dürfen bei der Unterstützung von Kandidaten und politischen Anliegen in gleichem Umfang von der „Redefreiheit" Gebrauch machen wie Privatpersonen. Spätestens damit ist die Demokratie im Land der Demokratie ausgehebelt.

Heute ist extrem viel Geld bei einem Prozent oder gar bei einem Promille der Bevölkerung, nicht nur in den USA, und dieses Geld beeinflusst massiv die Politik.

WAS MÜSSEN WIR DRINGEND ÄNDERN?

„Wir sind die 99 Prozent". Ein Teil der Occupy-Bewegung, fordert deswegen zweierlei: eine Marktwirtschaft, die hält, was sie verspricht und Demokratie. Die Märkte brauchen Spielregeln, die der Staat vorgibt und genau dazu braucht es die Demokratie, in der es primär auf die Menschen ankommt und eben nicht auf das Geld. Um das zu erreichen, brauchen wir ein besseres Gleichgewicht der Einkommensverteilung und damit auch eine faire Besteuerung.

Ein Staatswesen kann nur funktionieren, wenn die Bürger und Unternehmer eines Landes ihre Fähigkeiten einbringen und ihm zusätzlich auch Steuermittel zur Verfügung stellen um die gemeinschaftlichen Aufgaben bezahlen zu können. Ohne unsere Vorfahren, die mit ihren Steuern in Infrastruktur wie Schulen und Universitäten investierten, hätten wir heute nicht diese Ausbildung und auch keine Straßen. Niemand ist allein, aus eigener Kraft erfolgreich.

Manche scheinen das vergessen zu haben, Internetfirmen und andere Global Player aus Industrie und Handel nutzen immer dreister die Doppelbesteuerungsabkommen zwischen Staaten, die eigentlich vermeiden sollen, dass eine Person, die in zwei Staaten Einkommen erzielt, doppelt besteuert wird, um den Finanzämtern in den verschiedenen Ländern zu entgehen.

HABEN WIR ETWAS AUS DER BANKENKRISE 2008 GELERNT?

Die Wirtschaftsmaschine funktioniert heute offensichtlich nur für das eine Prozent, das sich an der Spitze der Pyramide befindet und belohnt auch noch diejenigen, deren Beitrag zum Wohl der Allgemeinheit ganz eindeutig negativ ist.

Viele Menschen schämen sich für diese Banker. In den letzten fünf Jahren bestand wenigstens noch die Hoffnung, dass das politische System jene zur Rechenschaft ziehen würde, die die Krise verursacht haben. Aber erst heute beginnen langsam erste Prozesse. Bis heute wurden nur wenige Drahtzieher im Weltfinanzsystem zur Rechenschaft gezogen. Wir erwarten nicht, dass sich daran noch viel ändern wird. Deswegen kommt Josef Stiglitz zum Ergebnis, dass das Problem im ökonomischen und politischen System selbst begründet liegen muss. Die Stärke des Marktes ist seine Effizienz. Aber noch wichtiger ist die Effektivität. Diese betrifft die Ziele, die über den Markt in Angriff genommen werden sollen. Die Märkte können ganz offensichtlich nicht:

1. die Mittellosen aus der Armut herausholen.
2. die Weltwirtschaft so umbauen, dass sie den Herausforderungen der globalen Erwärmung gewachsen ist.
3. allen Arbeitslosen auskömmliche Arbeitsplätze zur Verfügung stellen, statt Menschen hervorzubringen, die trotz Arbeit arm sind (Working Poor).

Die Märkte leisten heute eindeutig nicht, was sie leisten sollten. Diese mangelnde Effektivität ist deswegen wieder eine Frage der Regulierung und damit indirekt eine der Demokratie.

WIE BEKOMMEN WIR UNSERE DEMOKRATIE ZURÜCK?

Die Finanzkrise hat uns gezeigt, dass die angeblich stabilen Märkte sehr instabil sein können, mit verheerenden Folgen: Banken sind Wetten eingegangen. Ohne staatliche Hilfe hätten sie damit die ganze Volkswirtschaft in den Abgrund gerissen. Wegen der staatlichen Hilfe sind die Staaten jetzt deutlich höher verschuldet. Deshalb fordert der Finanzsektor von diesen Staaten höhere Zinsen für dieselben Kredite. Die Geretteten verdienen jetzt daran, dass wir sie gerettet haben. Der Staat muss, um die Kredite zu bedienen, an seinen Bürgern sparen, damit die Wohlhabendsten noch reicher werden. Ein solches System ist unerträglich.

Die 99 Prozent sind nicht nur nicht geschützt, sondern das eine Prozent kann sich auf Kosten der 99 Prozent weiter bereichern. Dieses heutige Wirtschaftssystem ist nicht gerecht. Dadurch entsteht immer mehr das Gefühl, dass das demokratische Prinzip „eine Person = eine Stimme“ abgelöst wurde durch „ein Euro = eine Stimme“.

Wir müssen endlich verbieten, was die Welt in diese unerträgliche Schieflage gebracht hat und was ohnehin für die allermeisten Menschen gleichzeitig widersinnig oder abstoßend ist, wenn nämlich:

1. Menschen mit Grundnahrungsmitteln spekulieren,
2. Menschen im Nanosekundenbereich spekulieren,
3. Menschen wetten, aber den Wetteinsatz nicht bar auf den Tisch legen,

sondern, wenn sie verlieren, sich von anderen auslösen lassen oder

4. Insider zu Lasten anderer die Erfolgswahrscheinlichkeiten beeinflussen können.

Für Flugzeuge, Züge und Autos haben wir einen TÜV, aber neue, komplexe Finanzprodukte, Finanzderivate, brauchten bislang praktisch keine nennenswerten Genehmigungsverfahren. Im Jahr 2014 soll „Basel III" in Kraft treten, ein Reformpaket zur Bankenregulierung mit 616 Seiten, 20 Mal so dick wie „Basel I". Glauben wir wirklich, dass irgendein Regelwerk die Komplexität des heutigen Finanzsystems erfassen kann? Oder ist nicht vielmehr die nächste Finanzkrise so sicher, wie das Amen in der Kirche? Wann wachen wir endlich auf? Warum verbieten wir nicht endlich diese Finanzderivate, die kein Mensch braucht, anstatt zu versuchen, etwas zu regulieren, was sich ganz offensichtlich nicht regulieren lässt?

WELCHE WELTWEITEN SPIELREGELN BRAUCHEN WIR?

Weder Armut noch Umweltzerstörung sind unabänderliche Notwendigkeiten, sondern beide sind menschengemacht durch Spielregeln oder eben durch fehlende Spielregeln. Hier nur einige wenige Beispiele:

Warum ist internationaler Flugverkehr von Steuern befreit?
Fliegen just-for-fun zerstört unsere Zukunft. Diese Naturkosten müssen in den Kerosinpreis eingerechnet werden. Fliegen ist kein Menschenrecht.

Warum gibt es immer noch keine Finanztransaktionsteuer?
Globalisierungskritische Organisationen fordern sie schon lange, nun wollen elf EU-Staaten eine Finanztransaktionssteuer einführen. Zwanzig Jahre dauert es, bis vielleicht 5% der Staaten der Erde eine rundherum vernünftige Sache einführen, von der weit mehr als 99% der Bevölkerung profitieren.

Warum wurden die Millenniumsentwicklungsziele der Vereinten Nationen nicht umgesetzt?
Am 9. September 2000 verabschiedeten 189 Mitgliedsstaaten der Vereinten Nationen mit der Millenniumserklärung einen Katalog grundsätzlicher, verpflichtender Zielsetzungen für alle Mitgliedsstaaten. Armutsbekämpfung, Friedenserhaltung und Umweltschutz wurden als die wichtigsten Ziele der internationalen Gemeinschaft bestätigt. Leider waren die Ziele rechtlich nicht verbindlich und ohne Finanzierung hinterlegt und deswegen werden diese wichtigen Menschheitsziele nicht wie versprochen erreicht. Die Staatengemeinschaft sollte die Ziele jetzt fortentwickeln, mit Geld hinterlegen und rechtlich verpflichtend fixieren.

WAS KÖNNEN WIR KINDER UND JUGENDLICHEN TUN?

Die gerade genannten Ansätze wie die Finanztransaktionssteuer, die Regulierungen für den Finanzsektor, das Austrocknen der Steuersümpfe, die faire Besteuerung der großen Global Player, die Steuer auf Kerosin im internationalen Flugverkehr, die Millenniumsentwicklungsziele der Vereinten Nationen, sind alles globale Lösungsansätze, bei denen alle mitmachen müssen, um Erfolge zu erzielen. Wir brauchen diese weltweiten Top-Down-Ansätze, allerdings sind sie teuer und es kostet viel Zeit, einen Konsens zu erreichen. Wir kämpfen gegen Lobbykräfte, die mit intelligenten Kampagnen Zweifel streuen und der Erfolg wird erst in Jahrzehnten sichtbar werden.
Im Rahmen der Vorbereitung eines Referats über die Klimakrise stieß ich auf Wangari Maathai, eine starke und bewundernswerte Frau aus Afrika, die 2011 viel zu früh gestorben ist.
Ich war sofort fasziniert von Wangari Maathai, die mit anderen Frauen zusammen innerhalb von 30 Jahren 30 Millionen Bäume gepflanzt und später die „Billion Tree Campaign" gestartet hatte. Wenn eine Frau in Afrika so etwas kann, dann können wir Kinder das auch, dachte ich mir. Das Bäumepflanzen ist nicht nur wichtig, um CO_2 zu binden und die Klimaerwärmung zu verlangsamen und zu stoppen. Bäume haben viele weitere positive Wirkungen. Deswegen beendete ich mein Referat mit den Worten: „Lasst uns in jedem Land der Erde eine Million Bäume pflanzen!"
Natürlich dachte ich im Januar 2007 nicht im Traum daran, mit diesem Vortrag den Grundstein für eine weltweite Kinder- und Jugendbewegung gelegt zu haben und ich wusste auch nicht, dass Bäumepflanzen eine so bedeutende emotionale und symbolträchtige Sache ist. Jeder kann mitpflanzen, so gut wie überall auf der Erde. Wenn wir als Weltfamilie die globalen Herausforderungen gemeinsam und koordiniert anpacken, dann sehen wir Kinder und Jugendlichen auch wieder eine Zukunft. Bäumepflanzen gibt uns nur einen Zeitjoker, denn wir Menschen pusten mehr CO_2 in die Atmosphäre als alle neu gepflanzten Bäume werden aufnehmen können. Außerdem wird die Klimaerwärmung in den kommenden Jahrzehnten massiven Stress für die Bäume bedeuten und damit wird deren CO_2-Aufnahmekapazität abnehmen. Aber mit dem Bäumepflanzen schaffen wir das Bewusstsein, dass wir die anderen großen Menschheitsprobleme genauso tatkräftig anpacken und lösen können.
Auf Plant-for-the-Planet Akademien begeistern Kinder andere Kinder, die am Ende der Akademie selbst Vorträge halten können, Baumpflanzungen organisieren und sich für ihre Zukunft einsetzen. Eine Million Kinder wollen wir bis zum Jahr 2020 sein. Außerdem sind wir Kinder von Plant-for-the-Planet mit tausenden von anderen Kinder- und Jugendorganisationen auf der Welt vernetzt. Bäume zu pflanzen ist unser Ausdruck für unseren Kampf für unsere Zukunft. Wir Kinder wissen, dass ein Moskito nichts gegen ein Rhinozeros ausrichten kann, wir wissen aber auch, dass tausend Moskitos ein Rhinozeros dazu bringen können, die Richtung zu ändern.

ZUR RETTUNG UNSERER ZUKUNFT HABEN WIR KINDER UND JUGENDLICHEN EINEN 3-PUNKTE-PLAN ENTWICKELT:

Wir Kinder der Welt haben zwei Jahre lang – zwischen 2008 und 2010 – mehrere weltweite Konsultationen unter mehreren tausend Kindern und Jugendlichen aus über 100 Ländern durchgeführt, mit Hilfe mehrerer UN-Organisationen, unterstützt von amerikanischen, japanischen und europäischen Meinungsforschern. Das Ergebnis haben wir in vier Worten mit „Stop talking. Start planting." zusammengefasst und etwas ausführlicher in einem 3-Punkte-Plan zur Rettung unserer Zukunft ausgearbeitet, den wir am 2. Februar 2011 vor der Generalversammlung der Vereinten Nationen vorgestellt haben.

1. LASST UNS 1.000 MILLIARDEN BÄUME PFLANZEN – BIS 2020

Die beste Nachricht für die Menschheit: Es gibt eine Maschine, die CO_2 spaltet, in Sauerstoff umwandelt, den Kohlenstoff (C) speichert und daraus sogar noch Zucker herstellt. Eine einzelne dieser Maschinen heißt „Baum" und eine ganze Fabrik davon nennen wir „Wald". Hört endlich auf die Regenwälder abzuholzen und fangt an, neue Bäume zu pflanzen, soviel ihr könnt und so schnell ihr könnt!

Wir Kinder bitten euch Erwachsene inständig, dass in einem ersten Schritt bis zum Jahr 2020 jeder Mensch im Durchschnitt 150 Bäume pflanzt. Wenn alle Menschen mitmachen, sind das zusammen 1.000 Milliarden neue Bäume. Bäume zu pflanzen und zu pflegen ist kinderleicht. In den letzten sechs Jahren haben Erwachsene und Kinder zusammen bereits mehr als 12,9 Milliarden Bäume gepflanzt. In den kommenden acht Jahren müssen noch viel mehr Bürger, Regierungen und Unternehmen mit uns die verbleibenden 987,1 Milliarden Bäume pflanzen. Platz gibt es weltweit in gut erreichbaren Regionen genug, ohne Konkurrenz zu Landwirtschaft oder Siedlungen und ohne dass wir bereits in Trockengebieten pflanzen müssten. Diese neuen Bäume werden jedes Jahr 10 Milliarden Tonnen CO_2 binden, etwa ein Viertel des menschengemachten CO_2-Ausstoßes. Damit haben wir fürs Erste etwas Zeit gewonnen, um auf einen nachhaltigen, völlig CO_2-freien Lebensstil umzusteigen. Außerdem können wir diese 1.000 Milliarden Bäume in einigen Jahren wieder nutzen, um das „C" in Möbeln, Häusern, Brücken usw. lange Jahre zu binden oder zu Bioholzkohle zu verarbeiten und so unsere Böden mit Kohlenstoff anzureichern. Natürlich forsten wir die 1.000 Milliarden Bäume sofort wieder auf und wiederholen diesen Prozess immer wieder. Vergleichbar mit einem Schwamm saugen wir mit Hilfe der Bäume immer wieder Teile des CO_2 aktiv aus der Luft und speichern es intelligent und langfristig.

2. LASST ENDLICH DIE FOSSILEN ENERGIETRÄGER IN DER ERDE – KLIMANEUTRALITÄT BIS 2050

Heute holen wir an einem Tag so viel Kohlenstoff in Form von Erdöl, Erdgas und Kohle aus der Erde, wie die Sonne in einer Million Tage dort gespeichert hat. Dieses CO_2 als Ergebnis unserer Energieproduktion ist eine Hauptursache für die Klimaerwärmung. Wir Kinder fordern alle Mächtigen der Welt auf, Politiker, allen voran die nationalen Regierungen, Landesregierungen, Bürgermeister, Unternehmensführer und Menschen, die sonst in der Gesellschaft Einfluss haben, dass sie alles unternehmen, um unverzüglich 100% Klimaneutralität herzustellen, weltweit spätestens bis 2050.

Um ein kleines Zeichen zu setzen, haben wir im Januar 2012 ein eigenes Produkt auf den Markt gebracht, so wie wir Kinder uns jedes Produkt der Welt vorstellen, nämlich gleichzeitig fair-trade und klimaneutral. Wir haben mit unserem Lieblingsprodukt angefangen und nennen es die „Change Chocolate“ bzw. „die Gute Schokolade“. Die Kakaobauern bekommen so viel Geld, dass sie zwischen den Kakaobäumen Edelhölzer anpflanzen und ihr Einkommen von USD 4.000 auf USD 20.000 erhöhen können. Die Kinder der Kakaobauern können so die Schule besuchen und müssen nicht für uns die Kakaobohnen ernten. In den ersten acht Monaten haben wir allein in Deutschland mehr als eine Million Tafeln verkauft. Weil wir zusätzlich zu den Edelholzbäumen in Ghana für jeweils fünf verkaufte Tafeln einen Baum in Malaysia pflanzen, sind das weitere 200.000 Bäume.

3. BEKÄMPFT ARMUT DURCH KLIMAGERECHTIGKEIT

Um die weitere globale Klimaerwärmung auf die versprochenen 1,5-2°C zu beschränken, dürfen bis 2050 nur noch 600 Milliarden t CO_2 ausgestoßen werden. Pusten wir mehr CO_2 raus, steigt die Temperatur über die 2°C an. Teilen wir 600 Milliarden t CO_2 durch 40 Jahre, ergibt das 15 Milliarden t CO_2 pro Jahr für alle. Stellt sich nur die Frage, wie wir diese 15 Milliarden t CO_2 unter der Weltbevölkerung aufteilen? So wie heute 60 Prozent für USA und Europa? Für uns Kinder gibt es nur eine Lösung: Jeder bekommt das gleiche, nämlich 1,5 t CO_2 pro Mensch und Jahr bei den 9 bis 10 Milliarden Menschen, die wir im Jahr 2050 sein werden.
Und was passiert mit denen, die mehr verbrauchen oder verbrauchen wollen? Ganz einfach: Wer mehr will, muss zahlen. Wenn ein Europäer weiter 10t CO_2 rauspusten möchte, kann er das tun, muss aber das Recht dazu von anderen Bürgern, z. B. in Afrika abkaufen, die nur etwa 0,5t CO_2 rauspusten. Dieses Prinzip der Klimagerechtigkeit sorgt dafür, dass auch die Armut ins Museum kommt. Denn mit dem Geld können die Afrikaner in Ernährung, Ausbildung, medizinische Versorgung und Technologie investieren. Sie müssen auch nicht den gleichen Unsinn machen wie wir mit Kohle, Erdöl und all den anderen fossilen Energieträgern, sondern können ihre Energie direkt mit Hilfe der Sonne und anderen erneuerbaren Quellen produzieren.

ERREICHEN WIR NACHHALTIGKEIT ZUSAMMEN MIT FREIHEIT UND MENSCHENRECHTEN ÜBER EVOLUTION ODER MUSS ES EINE REVOLUTION GEBEN?

2 hoch 33 entspricht 8 Milliarden. Wenn zwei Menschen zwei weitere von der Richtigkeit einer Idee überzeugen und die vier dann innerhalb eines Monats vier andere Menschen von dieser Idee begeistern und so weiter, dann teilt in 33 Monaten die gesamte Menschheit dasselbe Ideal. Tiefgreifende Veränderungen passieren oft in einem nicht abgestimmten Zusammenspiel von vielen engagierten Menschen. Papst Johannes Paul II hat die Polen in ihrem Glauben an sich selber bestärkt, Lech Walesa konnte mit der Gewerkschaft Solidarność weitere Kräfte mobilisieren, Joachim Gauck hat mit seinen Freunden zusammen in den Kirchen „Wir sind das Volk" gerufen und auf einer Pressekonferenz sagte einer der SED-Funktionäre auf die Frage, ab wann die neue Regelung gelte: „Ab sofort". Die Anti-Atomkraft-Bewegung hat 40 Jahre lang den Boden bereitet, Tschernobyl reichte noch nicht, sondern die Katastrophe von Fukushima hat den Durchbruch gebracht und Angela Merkel hat sich mit ihrem Satz des Jahres 2011 „Fukushima hat meine Haltung zur Kernenergie verändert" an die Spitze der Energiewende gesetzt.

Jetzt müssen wir die Energiewende nur noch umsetzen und uns gegen die extrem erfolgreiche Lobbyarbeit der Atomindustrie zur Wehr setzen, die den Prozess aufhalten will. Die ganze Welt schaut auf Deutschland. Wenn wir in Deutschland Erfolg mit der Energiewende haben, dann kann sich kein Staat mehr darauf berufen, dass die Energiewende ein Ding der Unmöglichkeit wäre. Mit der Energiewende in Deutschland steht viel mehr auf dem Spiel, als in den nationalen Diskussionen anklingt. Unsere Gegner sind die nur an kurzfristigem Profit interessierten Lobbygruppen und die von ihnen finanzierten Experten, die für viel Geld intelligente Kampagnen starten, um das Gegenteil von Nachhaltigkeit zu erreichen. Wir wollen nicht länger, dass diese Lobbyisten vernünftige Gesetze und Entwicklungen umdrehen und zerstören. Nach unserer Überzeugung können sich die Mächtigen bald nicht mehr entscheiden zwischen „weiter so!" oder „nachhaltig werden". Ein „weiter so!" würde nämlich zu einer Verschärfung der weltweiten Ungerechtigkeit, einer Zerstörung der ökologischen Lebensgrundlagen und einem Aushebeln der demokratischen Entscheidungen führen und das können wir jungen Menschen uns nicht mehr gefallen lassen.

LASST UNS BÄUME PFLANZEN UND ERST DAMIT AUFHÖREN, WENN WIR UNSER ZIEL ERREICHT HABEN!

Wenn jeder Mensch 150 Bäume pflanzt, dann erreichen wir zusammen 1.000 Milliarden Bäume. 1.000 Milliarden ist die Anzahl an Bäumen, die wir auf der Welt in wenigen Jahren bis 2020 pflanzen können. 1.000 Milliarden Bäume binden etwa ein Viertel des heute menschengemachten CO_2-Ausstoßes.

Alles würde gut, wenn wir alle heute damit anfangen würden, gemeinsam Bäume zu pflanzen, und zwar solange, bis die Mächtigen diese unerträgliche Schieflage der Welt wieder gerade gerückt haben und wir wieder eine Demokratie haben, die den Namen verdient.

**ALLES WÜRDE GUT,
WENN WIR AUFWACHEN UND DAS RICHTIGE TUN.**

Wer eine vollständige Rede von Felix folgen möchte, findet in google oder youtube unter „felix kanzelrede“ seine Kanzelrede vom 10. März 2013 in der Erlöserkirche in München.
Diese Rede gibt es gedruckt als Streitschrift „Alles Würde Gut“.
Sechs Exemplare dieser Streitschrift sind für zusammen Euro 6 versandkostenfrei zu beziehen unter www.plant-for-the-planet.org.

GEMEINSAM AUFBRECHEN STATT IN GEMEINSCHAFTEN ERSTARREN

DIRK BATHEN UND JÖRG JELDEN

In einer krisengeschüttelten, individualisierten und hochvernetzten Welt erlebt „Gemeinschaft" derzeit Hochkonjunktur. Aber sind neue Gemeinschaften wirklich die Lösung für die Herausforderungen, mit denen Unternehmen konfrontiert sind? Wer Erneuerung ernst meint, setzt nicht auf Gemeinschaft als Struktur, sondern auf das Gemeinschaftliche als Prozess. Dieser These nähern wir uns in einem offenen Prozess durch Beobachtungen, Gedanken und Fragen.

Strukturen und Institutionen, die lange Zeit das gesellschaftliche Leben organisiert haben, verflüchtigen sich. Selbstverantwortung und Eigeninitiative sind das Mantra der individualisierten Leistungsgesellschaft. Beruflich wie privat haben wir mehr Optionen, mehr Informationen, mehr Komplexität, mehr Risiken. Gleichzeitig gibt es weniger Orientierung, Zeit, Verlässlichkeit und Stabilität. Aber eben weil wir aufgrund gesellschaftlicher Fragmentierung, beruflicher Flexibilisierung und privater Individualisierung einzelgängerischer werden, blüht Gemeinschaft als Sehnsucht und hoffnungsvolle Verheißung neu auf. Neue Wahlgemeinschaften geben Sicherheit, definieren Zugehörigkeit und bieten Raum für Anerkennung. Aber: Über gegenseitiges Schulterklopfen schaffen sich Gemeinschaften einen eigenen Kosmos. Alles, was nicht der Selbstbestätigung dient, hat keinen Platz. Widersprüchliches und Neues wird ausgeblendet. Die Folge: Erstarrung nach innen und Grabenkämpfe zwischen einzelnen Gemeinschaften.

Wie lässt sich bei zunehmender Fragmentierung und Konkurrenz vieler Wahrheiten eine gemeinsame, grundlegende Neuerung realisieren? Wir haben keine Antwort, denn für die Zukunft gibt es keinen Masterplan. Aber wir können beobachten, wie Akteure jenseits bekannter Organisationsformen einen Aufbruch wagen. Coworking-Spaces, Crowdfunding und Start-Up-Kultur zeigen im Ökonomischen, dass neues Handeln jenseits festgefahrener Strukturen möglich ist. Zudem gibt es mit Open-Innovation, Gamification oder Ideenwettbewerben spannende Ansätze, um bestehende Organisationen durchlässiger, anpassungsfähiger und offener zu machen. Aber in den auf Effizienz ausgerichteten Unternehmen erhöhen diese Impulse das Informationsrauschen und bleiben oft nur Störsignale. Sie werden keine transformative Kraft entwickeln können, solange sie nicht in einen größeren Zukunftsdiskurs eingebettet sind. Damit ein Aufbruch entstehen kann, braucht es einen gemeinsamen Denkrahmen, auf den man sich gemeinschaftlich verständigen kann und innerhalb dessen man operieren will.

Wie aber kann ein solcher gemeinsamer Denkrahmen entstehen, wenn Gemeinschaften tendenziell erstarren und immer neue technologisch-ökonomische Turbulenzen jedem Erneuerungsversuch den Boden unter den Füßen wegziehen? Es erfordert die Einsicht, dass isoliertes Vorgehen nur Ablehnung und Widerstand hervorbringen – und diese Patt-Situation letztlich maximal zu einem „faulen" Kompromiss führt. Erneuerung und Aufbruch lassen sich nur gemeinschaftlich entwickeln. Idealerweise repräsentieren die beteiligten Akteure das gesamte Organisationssystem: junge und alte Mitarbeiter, verschiedene Abteilungen, Sichtweisen und Kompetenzen, Partner, Mitbewerber und Medien. Die Akteure sollen sich kennenlernen, Brücken bauen und erste Transformationsschritte festlegen. In Anlehnung an den Philosophen Hans Georg Gadamer geht es um gegenseitiges Verstehen im Sinne einer „Verschmelzung vermeintlich für sich seiender Horizonte." Diese Verschmelzung wird zur Horizonterweiterung für alle Beteiligten. Diskurse und Interaktionen können solch einen Prozess der Verständigung jenseits basisdemokratischer Selbstverliebtheit ermöglichen. So können die Beteiligten ihre jeweiligen Handlungsgründe nachvollziehen und gemeinsame Visionen und Werte entwickeln. Innerhalb dieses gemeinsamen Denkrahmens können die Akteure dann eigene Wege gehen. Sie müssen sich nicht auf gemeinsame Wege und Maßnahmen einigen.

Wer Zukunft gestalten will, darf sich nicht nur auf *die* Gemeinschaft verlassen. Wo viele Gemeinschaften in Homogenität erstarren und ihre Mitglieder sich gegenseitig auf die Schulter klopfen, wird gerade die Verschiedenheit zu einer wertvollen Ressource für Erneuerung. Der Austausch über Gemeinschaftsgrenzen hinweg ist ein wichtiger Prozess, um verschiedene Akteure zusammenzubringen und gemeinsam transformative Kräfte zu entfalten.

GLOBART ACADEMY 2013 – RESÜMEE UND AUSBLICK

WILFRIED STADLER

Diese GLOBArt Academy des Aufbruchs nach Tagen der Vielfalt, Widersprüchlichkeit, Beherztheit, Ernsthaftigkeit und Geselligkeit, resümieren zu wollen, überfordert mich. Die vielen erinnerungswürdigen Ereignisse aufzuzählen, würde die Zeit sprengen und eine selektive Hervorhebung wäre schon gar nicht sachgerecht.
Außerdem hat uns Johann Sebastian Bach in der Interpretation von David Fray ohnehin das schönste denkbare Resümee gegeben und alle noch offenen Fragen in seiner zeitlosen Musik aufgehoben. Ich will deshalb mit Ihnen einige ganz persönliche Gedanken darüber teilen, was aus meiner Sicht die Essenz der diesjährigen Academy ausgemacht haben könnte.

ENTWÜRFE FÜR EINE WELT MIT MENSCHEN

Am Eröffnungsabend im Klangraum der Minoritenkirche folgte auf eine kostbare Choreographie des Gesanges und der Worte das Eröffnungsreferat von Peter Rosei, der in den Siebzigerjahren mit seinem Prosawerk „Entwurf für eine Welt ohne Menschen – Entwurf zu einer Reise ohne Ziel" seinen literarischen Durchbruch feiern konnte. Er sprach so nachdenklich wie nachdrücklich offen, gesellschaftspolitische Fragen an, konstatierte, dass den uns vertrauten Ideologien die Deutungshoheit längst nicht mehr zukommt und skizzierte erste „Entwürfe fur eine Welt *mit* Menschen", für die Wiedergewinnung der Zukunft.
Auch wenn die Zeit der Baupläne und Utopien vorbei zu sein scheint und es uns schwer fällt, gemeinsame Zukunftsbilder zu formulieren, sei es dennoch unabdingbar, so Rosei, neue Zielbilder zu finden. Diese „Suche nach einem neuen Narrativ" zog sich wie ein roter Faden durch unsere Tagung.
Der Grund dafür liegt wohl darin, dass die Handlungsbögen der uns bisher tragenden politischen Erzählungen der Europäischen Einigung, der Globalisierung und einer verantworteten, sozialen Marktwirtschaft durch die tiefgehende systemische Krise einer von den Finanzmärkten dominierten Ökonomie durchbrochen wurden.
Johannes Stüttgen nannte es die Suche nach einer neuen, gemeinsamen Form und umschrieb sie in Anlehnung an seinen Lehrer Joseph Beuys mit der künftigen Gestalt einer von uns allen mitzugestaltenden „Sozialen Plastik".
Der Schlusssatz von Peter Roseis Eröffnungsrede hieß: „Unsere Musik heißt Denken – Was einmal gedacht ist, gibt es". Im Verbund mit der wunderbaren Idee, Beethovens Europa-Hymne gemeinsam mit dem Chor zu singen, wurde er zu einem Leitmotiv der diesjährigen Academy.

Am Freitag folgte der Tag der Analysen – aus den unterschiedlichsten Blickwinkeln

und mit zahlreichen Impulsen aus oft überraschender Richtung.
Nach Harald Welzers kritischem Rundumschlag, wie es nicht weitergehen kann, setzte sich die Erkenntnis von Stefan Sagmeister durch: „Worrying solves nothing". Deshalb – und nach einer heilsamen Gedankenübung zur Ästhetik der Reduktion von Karin Sander – erfolgte noch am gleichen Vormittag der Übergang zu den für GLOBArt so kennzeichnenden konkreten, persönlichen Strategien.
Menschen aller Altersstufen, die sich einerseits nicht mehr auf Ideologien des vergangenen Jahrhunderts verlassen wollen und andererseits den Großkonzepten der Weltenretter aller Schattierungen misstrauen, zeigten an ihrem persönlichen Weg als Künstler, Unternehmer oder Social Entrepreneur, welche konkreten Wege sie einschlagen, um ein geglücktes Leben in einer sozial und ökologisch verantworteten Gesellschafts- und Wirtschaftsordnung zu führen oder zu ermöglichen.

EIN INTELLEKTUELLES WAGNIS OHNE FERTIGE ANTWORTEN

Konsequenter als je zuvor hat GLOBArt Intendantin Heidemarie Dobner den Such-Trichter weit geöffnet, Denkrichtungen und Generationen durchmischt und klar gemacht, dass es keine Frage des Jahrgangs ist, ob jemand den Impetus und die Verantwortung verspürt, im engsten und weiteren Umfeld oder gar für eine ganze Gesellschaft Ideen zum Besseren voranzutreiben.
Nur diese mitunter aufs erste riskante Durchmischung der Denkansätze bewahrt uns davor, in Polarisierungen zu kippen und uns ideologische Fluchtburgen geschlossenen Denkens zu bauen, in die wir uns bequem zurückziehen können.
„Die Berechnung der Zukunft" heißt ein großartiges Buch des amerikanischen Mathematikers und Publizisten Nate Silver, der 2009 mit damals erst 31 Jahren vom TIME-Magazine bereits zu einem der 100 einflussreichsten Menschen der Welt gewählt wurde. Wie immer man solche Rankings bewertet – sein faktenreicher Bestseller über die Frage „warum die meisten Prognosen falsch sind und manche trotzdem zutreffen" ist höchst lesenswert. Natürlich erzählt er auch über politische Prognosen – ein Fach, in dem er besonders gut ist, weil er als Einziger seiner Zunft bei der letzten Präsidentenwahl die Mehrheit in allen 51 US-Bundesstaaten richtig vorausgesagt hat.
Ich erwähne Nate Silver aber wegen eines anderen Gedankenganges, der viel mit GLOBArt zu tun hat. Es geht mir um eine Passage, in der er auf die unglaubliche Fülle uns verfügbarer Informationen und unsere Fähigkeit zu sprechen kommt, daraus Umsetzbares für die Zukunft zu machen: „Die Informationsmenge nimmt mit 2,5 Quintillionen Bytes pro Tag zu. Wir haben also mehr Information als wir nutzen können, und relativ wenig Information ist nützlich. Das meiste ist nur Rauschen, und dieses Rauschen nimmt stärker zu als das Signal. Das Signal ist die Wahrheit. Das Rauschen lenkt uns von der Wahrheit ab".

Und dann sagt er noch etwas sehr Bemerkenswertes: „Ich wende mich nachdrücklich gegen den nihilistischen Standpunkt, wonach es keine objektive Wahrheit gibt. Vielmehr vertrete ich die Auffassung, dass der Glaube an eine objektive Wahrheit – oder zumindest die Suche danach – eine Bedingung für bessere Vorhersagen ist.“ Mit diesem Satz wird das „Elend der Ironie“, wie der amerikanische Philosoph Jedediah Purdy den vorherrschenden Grundton der öffentlichen Diskurse der letzten Jahre einmal nannte, ordentlich herausgefordert. Er zwingt uns nämlich, zu bewerten, ohne abzuwerten und ermuntert uns, den Dingen auf den Grund zu gehen, anstatt sie gleich-gültig nebeneinander stehen zu lassen.
Gerade deshalb schienen mir all jene Passagen unserer Tagung besonders wichtig, in denen es um persönlich Erlebtes und Gewagtes ging – im Unternehmerischen wie im Künstlerischen, wie im Leben überhaupt.
Die GLOBArt Academy erwies sich hier wieder als ein ganz besonderes Sendeformat voll liebevoll gesetzter Widersprüche. Ein intellektuelles und emotionales Wagnis ohne fertige Antworten. Gerade das macht unsere Begegnungen hier in Krems so bereichernd.

GEMEINSAMES INTERESSE AM GELINGEN

Theodor W. Adorno hat die Aufgabe der Kunst einmal so definiert: „Aufgabe der Kunst ist es heute, Chaos in die Ordnung zu bringen“. Ich vermute, Heidemarie Dobner hatte diesen Satz im Sinn, als sie im vergangenen Jahr John Cage und in diesem Jahr Christoph Schlingensief zum Impulsgeber der Academy machte. Adorno hat Christoph Schlingensief jedenfalls nicht mehr erlebt, aber ich glaube, er könnte ihn gemeint haben.

Am Samstag Vormittag dann, – es war gewissermaßen der Vormittag der Therapie nach der Diagnose, wie das ein Teilnehmer so treffend ausdrückte, – durften wir dann diese ganz außergewöhnliche Diskussionsanordnung erleben: Theaterwissenschaftlerin Monika Meister und Schauspielerin Susanne Valerie Granzer als Tragödinnen, die uns den Zusammenhang der Katharsis bei den griechischen Dichtern und jener bei Schlingensief erschloßen. Die uns vom Pathos als Schlüsselbegriff der existentiellen Tragödie unserer Endlichkeit erzählten und davon, dass die Harmonie aus einem Seitensprung des Kriegsgottes Ares mit der Liebesgöttin Aphrodite entstammt. Und schließlich, dass die griechische Tragödie zum Ziel hatte, aus Zusehern mitleidsfähige und teilnahmekompetente Bürgerinnen und Bürger zu machen.
Nach der Reflexion von Johannes Hoff konnte dann in einer Podiumsdiskussion, die mir mit ihrer beeindruckenden intellektuellen Flughöhe noch lange in anregender Erinnerung bleiben wird, durch die rhetorische Intervention von Eva Schlegel im letzten Augenblick die Heiligsprechung von Christoph Schlingensief abgewendet

werden. Dass sich sein Opernprojekt in Burkina Faso mitsamt Schule für 150 Kinder und einer Krankenstation dennoch weiterentwickelt, konnten wir am Abend davor erfahren, mit Mamadou Diabaté als musikalischem Zeugen.

GLOBArt, ein abschließender Gedanke, ist mit all dem und mit allem, was ich jetzt nicht ausdrücklich genannt habe, in diesem Jahr seiner grundlegenden Idee in besonderer Weise gerecht geworden: Ideen und Projekte, die sich um unsere Gegenwart und Zukunft in einer globalisierten Welt drehen, freigesetzt durch die Konfrontation mit Bildender Kunst und Musik, aufgegriffen von Menschen, die an kritischer Auseinandersetzung ebenso interessiert sind wie am Gelingen.

Wir seien nicht dazu designt, nachhaltig glücklich zu sein, hat uns Stefan Sagmeister in der Diskussion zu seinem nachmittäglichen Workshop beschieden. Das wird schon so sein, damit finden wir uns ab. Umso dankbarer sind wir allen, die zum Gelingen beigetragen haben, für die Glücksmomente an diesen Tagen des gemeinsamen Hörens, Nachdenkens und Erlebens.

„SPIELKINDER" – AUFBRUCH IN EINE DIGITALE LERNKULTUR

MARJATTA KIESSL UND KLAUS HIMPSL-GUTERMANN

Wenn Bildung oft als „Spiegel der Gesellschaft" beschrieben wird, welche Erwartungen werden dann an die Bildung in der digitalen Gesellschaft gestellt? Die Einführung zum Thema spannte einen Rahmen über drei Ebenen:

1. Gesellschaftlicher Fortschritt bedeutet wachsende Komplexität in allen Lebensbereichen. Schon heute spielen digitale Medien in unserem Alltag eine wichtige Rolle, Tendenz steigend. Wie sichern wir künftig die gesellschaftliche Teilhabe?
2. In der Berufswelt wächst der Bedarf an stetiger Flexibilisierung und kontinuierlicher Qualifizierung. Berufsprofile ändern sich. Welche Kompetenzen werden in Zukunft gebraucht?
3. Individuelle Lebensentwürfe werden nicht nur akzeptiert, sondern als gesellschaftlicher Gewinn betrachtet. Was bedeutet Individualisierung für den Bildungskontext – wie entwickelt sich das Verhältnis von informeller und formaler Bildung, wie die Rollenverteilung zwischen Lehrenden und Lernenden?

Das Konzept **„Self Organized Learning Environment" (SOLE)** von Professor Sugata Mitra[1] diente als Beispiel für ein aktuell viel besprochenes Modell mit bemerkenswerten Erfolgen, bei dem digitale Medien eine zentrale Rolle einnehmen.

NEUE ROLLE DER PÄDAGOGISCHEN FACHKRÄFTE

Die neue Rollenverteilung zwischen Lehrenden und Lernenden, die mit dem technologischen Wandel einhergeht, wurde in der Diskussion unter dem Aspekt der „Machtverteilung" geführt.

DIE KLASSISCHE WISSENSSYMMETRIE BRICHT

Macht und Kontrolle sind im Frontalunterricht klassisch verteilt: Der Lehrer ist Dirigent des Unterrichts. Bei alternativen Lernmodellen – etwa bei der von Prof. Mitra vorgestellten Form der Gruppenarbeit – gibt es keine einheitlich gesteuerte Richtung mehr. Vielmehr entwickeln die einzelnen Gruppen ihre eigene Lern-Dynamik und

1 Vorgestellt mit einem filmischen Einspieler des Vortrags „Sugata Mitra's new experiments in self-teaching", der bei der Konferenz *Technology, Education, Design (TED)* gehalten wurde, (Oxford / GB, 2010).

erarbeiten individuelle Lösungsstrategien. Damit entstehen Lernräume und vermehrt unvorhersehbare Situationen. Dieser „Kontrollverlust“ beschäftigt viele pädagogische Fachkräfte. Einige schätzen die Öffnung hin zur Gruppenarbeit, während andere der Meinung sind, dass eine feste Strukturierung weiterhin notwendig sei. Nicht alle Lernenden wollen sich voll einbringen – Aktivität und Partizipation schwanken.

STANDARDISIERUNG VS. INDIVIDUALISIERUNG

Der Trend im Bildungsbereich geht derzeit zur weiteren Standardisierung (z. B. externe Evaluationen via Multiple Choice Tests, zentrale Abiturprüfungen). Demgegenüber steht eine zunehmende Individualisierung des Lernprozesses, bei dem Kontrolle und Verantwortung mehr bei den Lernenden liegen. Mitras Experimente legen nahe, dass das Ergebnis beider Methoden vergleichbar ist. Dabei scheinen die mit SOLE erzielten Lernerfolge nachhaltig zu sein, was bei bisherigen Lernmethoden oft als Defizit beschrieben wird (vgl. PISA-Studie).

Die Rolle des informellen Lernens hat mit dem Web 2.0 stark an Bedeutung gewonnen und damit die vorherrschende Wissenssymmetrie zwischen Lehrenden und Lernenden endgültig gebrochen. Der schulische Bildungsweg ist Pflicht, doch verliert die institutionelle Bildung derzeit spürbar an Bedeutung (bessere Verfügbarkeit von Wissensquellen, kaum individuelle Interessens- und Talentförderung).

EXKURS: EIN KIND MIT AUSSERGEWÖHNLICHEM TALENT – MARKO CALASAN STELLT SICH VOR

Marko Calasan ist 13 Jahre alt und aus Mazedonien angereist. Er ließ schon sehr früh ausgeprägte kognitive Fähigkeiten erkennen. Er erhielt im Alter von sechs Jahren sein erstes Microsoft Zertifikat, heute sind es schon zwölf. Er ist der jüngste zertifizierte „Microsoft Systems Engineer“ weltweit. Marko berichtete darüber, dass seine Eltern sein Interesse an Computern sehr früh erkannt und gefördert haben. Die Schule wird er zügig beenden und sich dann mit Unterstützung seiner Eltern und weiterer Akteure seiner Ausbildung widmen. An seiner Schule lehrte er 8 bis 11-jährige Mitschüler Basiswissen im Umgang mit dem Computer.

DIDAKTISCHES WERKZEUG DER PÄDAGOGISCHEN FACHKRÄFTE GEWINNT AN BEDEUTUNG

Es bedarf Übung, neue Unterrichtsformen erfolgreich zu gestalten – sowohl seitens der Lehrenden als auch der Lernenden: Struktur und Regeln, die Präsentation von Ergebnissen und dem bewussten Nachvollziehen von Lernwegen sind Teil dieser neuen Lernkultur. Verlieren Lehrende zunehmend ihre Rolle als Wissensmanager, so erhöht sich gleichzeitig der Bedarf für eine pädagogisch-didaktische Lernbegleitung.

DAS VERHÄLTNIS ZU FEHLERN

Fehler zuzulassen und Fehler als „wertvoll" anzusehen – das ist im Schulalltag kein Selbstverständnis. Die starke Outputorientierung im Bildungssystem erlaubt keine Beurteilung des individuellen Fortschritts („persönliche Leistung"). In einer Gesellschaft, die jeden mit seinen individuellen Fähigkeiten braucht, ist das ein mangelhafter Zustand.

IST GELD EIN LIMITIERENDER BILDUNGSFAKTOR?

Die Diskussion um Geld für die mediale Ausstattung ist notwendig und zeigt, dass neben Schule und Elternhaus auch schulische Fördervereine oder Stiftungen wertvolle Beiträge leisten.

Auch in einem größeren Kontext spielt die finanzielle Frage eine Rolle: Wenn die vorherrschende Output-Fokussierung und damit die Orientierung am direkt „verwertbaren Wissen" anhält, was bedeutet dies für allgemeinbildende Bereiche wie Kunst und Kultur?

- Universitäten, wie die Leuphana Universität Lüneburg, führen das Studium Generale („interdisziplinäres Komplementärstudium") wieder ein.
- Die Gewichtung von informeller Bildung gegenüber der formalen Bildung wird sich möglicherweise weiter verschieben und die aktuelle Form und Wertigkeit von Zertifizierungen infrage stellen. Ein vielversprechendes Konzept sind beispielsweise die sogenannten Open Badges der Mozilla Foundation[2].

E-LEARNING IN DER PRAXIS

Anhand von **Wikis** wurde erläutert, welche fünf Prinzipien das Web 2.0 ausmachen und was dies für den Bildungskontext bedeutet:

1. Wikis bauen auf das Prinzip der „Peer Production", also auf die gemeinsame Erarbeitung von Inhalten und deren Bereitstellung auf einer Austauschplattform. Dadurch steigt die Verfügbarkeit von Wissen und die kreative Nutzung und Weiterentwicklung der Inhalte werden erleichtert.
2. Sharing-Culture: Informationen werden freiwillig zur Verfügung gestellt (z. B. Open Source Software oder YouTube-Videos (u. a. Anleitungen auch für sehr spezielle Fragestellungen)).

2 Cf. http://openbadges.org.

3. The Wisdom of Crowds: Durch die kollektive Arbeit an Themen entstehen qualitativ hochwertige Ergebnisse (z. B. Wikipedia).
4. Open Culture: Der Zugang zu Inhalten und Materialien ist kostenfrei. Im Kontext von Bildung spricht man auch von Open Educational Resources (OER), also frei zur Verfügung stehenden Lernmaterialien (z. B. die Khan Academy oder YouTube).
5. Acting Globally: Durch das Internet entsteht ein globaler Zugriff auf Wissensressourcen und die Möglichkeiten einer weltweiten Vernetzung.

E-Learning-Konzepte in den 1980er und 1990er-Jahren waren häufig traditionelle Lehr-/Lernmethoden, die mit Hilfe des Computers umgesetzt wurden. Das einfache Übertragen von Inhalten und Methoden aus dem analogen Bereich ist aber nicht ausreichend. Web 2.0-Anwendungen und soziale Netzwerke eröffnen neue Lernwege. Auch wurde die Bedeutung des sozialen Lernens erkannt und zunehmend in sog. Blended Learning-Konzepten berücksichtigt.

Konkrete Anwendungsbeispiele wurden vorgestellt:

- **Wiki als Beispiel für OER:** Studierende der Donau-Universität Krems[3] gestalten öffentlich zugängliche Anleitungen für den Einsatz von Bildungstechnologien
- **Social bookmarking** (Beispiel: diigo.com): Digitale Lesezeichen werden übers Web verwaltet und sind damit an jedem Standort verfügbar. Auch werden weitere relevante Quellen durch eine Interessens-Community schnell auffindbar und besser strukturierbar.
- **Screenrecording als Feedback zu Aufsätzen / Seminararbeiten:** Auch traditionelle Aufgaben eines Lehrers können mit Technologieeinsatz besser umgesetzt werden – so können beispielsweise schriftliche Annotationen in einer Seminararbeit durch mündliche Anmerkungen ergänzt und mit einem Screenrecorder[4] aufgezeichnet werden. Das Kommentieren geht schneller und ist gleichzeitig aber detaillierter möglich.

3 Cf. http://imb.donau-uni.ac.at/etutorials/.

4 Ein Beispiel für einen kostenlosen Screenrecorder ist JING, cf. http://www.techsmith.com/jing.html.

NEUE ARBEITSFORMEN, SINN STIFTEN

DORIS HELMBERGER

„In der heutigen Welt gibt es keine klare Trennung mehr zwischen Arbeits- und Privatleben. Die Arbeit ist bei vielen Menschen Teil des Privatlebens geworden, genauso wie private Dinge Teil des Arbeitslebens werden." So lautet die Diagnose des Work-Life-Balancing-Coach Luud Bering. Man könnte es auch noch knapper sagen: „My Office is where I am". Unter dieses Motto hat Microsoft Österreich vor drei Jahren die spektakuläre Neugestaltung des Büros am Wiener Europlatz gestellt. Die knapp 400 Mitarbeiterinnen und Mitarbeiter arbeiten heute entweder hier, umgeben von modernstem Design in Räumen namens „Zen", „Café Vienna" und „Bazar", oder werden einfach von Zuhause aus oder unterwegs zu Meetings zugeschaltet. „Egal wo ich bin, ich bin überall mit allen verbunden", schwärmt ein Mitarbeiter. Das bedeutet nicht, „rund um die Uhr, sieben Tage die Woche" tätig zu sein, sondern vielmehr mit größtmöglicher Flexibilität zielgerichtet zu arbeiten.

Glaubt man Microsoft, dann sieht genau so die neue Welt des Arbeitens aus. Doch führen ein größeres Maß an individueller Freiheit und coole Bürodesigns auch dazu, dass Menschen ihre Arbeit eher als sinnvoll und beglückend empfinden? Was braucht es für dieses hohe Ziel? Wer muss dazu welchen Beitrag leisten? Diesen Fragen widmete sich der prominent besetzte Workshop „Neue Arbeitsformen, Sinn stiften" der diesjährigen GLOBArt Academy. „Wir haben in Mitarbeiter-Befragungen festgestellt, dass die Zufriedenheit wirklich wächst – und zugleich auch die Produktivität", erklärte Milo Schaap, Marketing und Operations Manager bei Microsoft Österreich. Statt strikter zeitlicher und inhaltlicher Vorgaben sowie einer Kontrolle durch den Arbeitgeber könne heute jeder selbst entscheiden, wann, wo und wie er arbeiten möchte. Diese neue Flexibilität habe nicht nur für jeden einzelnen Mitarbeiter die Vereinbarkeit von Beruf und Familie erleichtert, sondern auch dazu geführt, dass man weniger Zeit im Auto verbringen müsse. Eine Woche pro Jahr habe jeder Einzelne gewonnen, so Schaap.

Auch die Wiener Anwaltskooperation „Northcote.Recht" setzt auf Flexibilität und individuelles Zeitmanagement. Die These „Mütter wollen nicht nur Mütter sein, und Väter wollen sich nicht mehr zu Tode arbeiten", bestätigte die Juristin Sophie Martinetz aus ihrer langjährigen Erfahrung. Als Gründerin und geschäftsführende Gesellschafterin von Seinfeld Professionals, der Kanzleimanagementgesellschaft für die Anwaltskooperation, sei es ihr darum gegangen, „eine Umgebung zu schaffen, in der Menschen inhaltlich interessant arbeiten können, aber auch Zeit für den sinnstiftenden ‚Rest des Lebens' haben". Das Konzept der „Work-Life-Balance" mit zwei getrennten

Sphären ist laut Martinetz längst überholt. Heute gehe es darum, sich um ein „balanced worklife" zu bemühen. Um diesem Ziel näherzukommen, bietet „Northcote.Recht" seinen Mitarbeitenden drei Besonderheiten: Zum einen haben die Rechtsanwältinnen und Rechtsanwälte vollkommene zeitliche und örtliche Freiheit; statt einer Wochenarbeitszeit gibt es eine „Maximaljahresarbeitszeit". Zweitens werden für das Backoffice bedürfnisorientierte, flexible Arbeitsformen angeboten: Ob 25 Stunden an drei Tagen oder 40 Stunden an fünf Tagen – alles ist möglich und kann verhandelt werden; Hauptsache, das Sekretariat ist besetzt. Und nicht zuletzt wird in der Geschäftsführung „Top-Sharing" praktiziert: Martinetz und ihre Kollegin verfügen gemeinsam über 150 Prozent Managementkapazität und teilen sich Macht und Verantwortung. „Viele haben Angst davor, aber bei uns funktioniert es", so Martinetz.

Angst spielt auch dort eine Rolle, wo es darum geht, um der Sinnerfüllung willen Sicherheiten aufzugeben.

Franz Pirker, studierter Elektrotechniker und zuletzt als Leiter des Mobility Departments am Austrian Institute of Technology (AIT) für 150 Mitarbeiterinnen und Mitarbeiter zuständig, hat es trotzdem gewagt. „Meine eigene Vision war es, 2013 ein eigenes Weingut zu haben", erinnerte er sich zurück. Bereits 2012 hat er sie verwirklicht. Seit damals ist Pirker – neben seiner Tätigkeit als Unternehmensberater – geschäftsführender Gesellschafter des Weinguts AMSEE im burgenländischen Gols. Nicht alle seiner Freunde und Bekannten haben diesen Schritt verstanden. „Da gab es zwei Gruppen: Die einen haben gesagt: ‚Super, dass du das machst!' Die anderen haben geantwortet: ‚Du traust dich was!'" Aufgrund dieser Erfahrungen ist Pirker von einem überzeugt: „Der Arbeit Sinn verleihen, das kann nie der Arbeitgeber leisten, das kann man nur selber."

Ähnlich argumentiert Edith Pollet, seit 2010 externe Lehrende an der Gesundheits- und Krankenpflegeschule des Kardinal Schwarzenbergschen Krankenhauses in Innsbruck und derzeit wissenschaftliche Mitarbeiterin am Institut für Psychologie der Leopold-Franzens-Universität. „Der individuelle Mensch entscheidet, ob seine Arbeit Sinn stiftet oder nicht", weiß die langjährige Hauskrankenschwester, die sich nun in ihrer Dissertation mit dem Thema „Sinnerleben im Beruf" befasst. „Sinn lässt sich nicht einfach implementieren, auch nicht mit Büroräumen, auch wenn sie noch so schön gestaltet sind." Sinnstiftung sei vielmehr etwas Dynamisches: Andere könnten nur die Rahmenbedingungen gestalten, nicht jedoch das Sinnerleben selbst. „Um Arbeit als sinnvoll zu erleben, müssen wir darin einen Teil unserer Interessen und Werte verwirklichen können", sagt Pollet in Anlehnung an Viktor Frankl. Grundsätzlich müsse man zwischen Arbeit als Zweck oder als Sinn unterscheiden: Im ersten Fall gehe es um den Sinn *der* Arbeit, im zweiten um den Sinn *in der* Arbeit. Aus ihrer Erfahrung hätten Menschen, die in Sozialberufen tätig sind, trotz großer Belastungen oft ein höheres Sinnerleben: „Man ist selbsttranszendent tätig, ist Teil von etwas Größerem", so Pollet. Je nachdem, wo diese Sinnerfüllung stattfindet, unterscheidet sie nach Rudolf Karazman vier Sinn-Gestalten: Die Arbeitsexistenz, bei der die Verwirklichung von Werten nur in der Arbeit stattfindet; die Privatexistenz, wo dies nur im Privatbereich geschieht; die Koexistenz, bei der in beiden Sphären Interessen verwirklicht werden; und das „Existenzielle Vakuum". Edith Pollet hat dieses Schema um eine fünfte Gestalt erweitert: „Working Poor" – wenn also Arbeit auf Grund von zu geringer Bezahlung nicht einmal mehr den Zweck erfüllt, den Lebensunterhalt zu sichern. „Es geht also nicht nur um die Frage der Zukunft der Arbeit, sondern auch um die Frage: ‚Welche Arbeit hat denn überhaupt Zukunft?'"

Theo Wehner, seit 1997 Professor für Arbeits- und Organisationspsychologie an der ETH Zürich, beschäftigt sich mit dieser Frage seit Jahren – und hat im bedingungslosen Grundeinkommen, das nun gerade nach einer erfolgreichen Volksinitiative in der Schweiz intensiv debattiert wird, eine Antwort gefunden. In zahllosen Mitarbeiterinterviews hat Wehner festgestellt, dass Sinn vielfach in Freiwilligentätigkeiten „generiert" wird („Sinn stiften geht gar nicht", meint er). In der Arbeit jedoch meinten viele, man könne „höchstens zufrieden sein". Doch was hindert die Menschen daran, ihre Arbeit mit Sinn aufzuladen? Zusammen mit Kollegen konnte Wehner im Zuge einer Metaanalyse von 150.000 europaweit durchgeführten Mitarbeiterbefragungen einige Gemeinsamkeiten feststellen, die diese Sinngenerierung ermöglichen oder verhindern. Ein durchgängiger Erschwernisfaktor ist etwa der „Verlust von Privatheit" (Loss of Privacy) am Arbeitsplatz – egal ob ausgelöst durch Lärm oder das Arbeiten in einem Großraumbüro oder „Multispace". Moderne Unternehmen wie Microsoft würden einerseits in bester Absicht Begegnungsräume bieten, aber das Konzept des Arbeitsplatzes als „Stück Heimat" durch ihre modernen „Multispaces" zugleich durchkreuzen. Besonders förderlich für die Sinngenerierung in der Arbeit sind laut Wehner vertrauensvolle Bindungen – sowohl an das Unternehmen, als auch an die Kollegen und die Arbeitsaufgabe; zweitens sind Anerkennung sowie wertschätzendes Feedback wesentlich; und drittens braucht es kooperative Zusammenarbeit. Fehlen diese Faktoren, sinkt die Arbeitszufriedenheit, während das Gesundheitsrisiko und die Burnout-Rate steigen. Schließlich sind Arbeit, Gesundheit und Identität die drei Ecken eines Dreigestirns. „So einfach ist es, Arbeit zu gestalten", resümiert der Arbeitspsychologe Wehner und plädiert angesichts der „starken Entsolidarisierung auf Kollegenebene" für mehr soziale Anerkennung, Solidarität und Kooperation im Team.

Zu ähnlichen Schlüssen kamen in der Folge auch die beiden Arbeitsgruppen, die nach der Verantwortung für „sinnvolle, glückende Arbeit" fragten und ihre Ergebnisse auf Flipcharts präsentierten. Was ist der Anteil der Politik, des Unternehmens und von mir selbst, dass derlei gelingen kann?
Genannt wurden vor allem vier Aspekte: „Klare, vertrauensfördernde Strukturen schaffen" sowie „Kommunikation und Feedback fördern" als Aufgaben der Unternehmen; „Wertschätzung" und „Visionen haben" als individuelle Aufgaben bzw. Ziele; und schließlich „Rahmenbedingungen für die größtmögliche, individuelle Wahlfreiheit schaffen" als Zuständigkeit der Politik. Im Zentrum stand freilich der Begriff „Utopie" – sehr zur Freude von Theo Wehner. „Die große Herausforderung", meinte er abschließend, „besteht wohl darin, utopiefähiger zu werden."

AUFBRUCH ZUM UMBRUCH: DIE ESSL FOUNDATION, ASHOKA, UND DER SOZIALE WANDEL

MICHAEL FEMBEK

Was eine Stiftung für die Welt tun kann, ist recht viel. In Österreich, das eine verschüttete, aber reiche Tradition an Aktivitäten gemeinnütziger Stiftungen hat, legte beispielsweise die Kaiser-Franz-Josef-Jubiläumsstiftung den Grundstein für das erste Experiment zum sozialen Wohnbau in Wien (Lobmeyrhof, 1901). Im Land mit der bekanntesten Stiftungslandschaft, den USA, haben Stiftungen vielfach sozialen Wandel ausgelöst. Ein spektakuläres Beispiel: die ersten Kinsey-Reports 1948 und 1953, die als Auslöser der sexuellen Revolution in den USA in den 1950er- und 1960er-Jahren gelten, wurden von der Rockefeller-Foundation finanziert.

In der Gegenwart arbeiten Stiftungen derzeit direkt in zehntausenden Projekten weltweit, oder finanzieren solche. Es gibt nicht nur Bill und Melinda Gates, die in Afrika Milliarden in den Kampf gegen Malaria, HIV und TBC investieren. Englische Stiftungen finanzieren Projekte zur Auflösung menschenverachtender „Waisenheime" und „psychiatrischer Anstalten" in Zentral- und Osteuropa. Deutsche Stiftungen finanzieren den Aufbau der Zivilgesellschaft in arabischen Staaten.

Die Essl Foundation ist eine unter tausenden gemeinnützigen Privatstiftungen weltweit, die sich der Förderung von sozialem Wandel und sozialer Innovation verschrieben hat. Die Schwerpunkte liegen bei der Förderung von Sozialunternehmern und den Anliegen von Menschen mit Behinderung.

Was unterscheidet das, was eine Stiftung wie die Essl Foundation tut, von dem, was Millionen Spender und Sponsoren tun? Das Ziel, mit den beschränkten Budgets, die jeder Financier und auch jede Stiftung hat, ein Maximum an Wirkung zu erzielen.

Das klingt trivial („Will das nicht jeder?"), ist es aber nicht. Unterstützt wird (nur), was nicht auch jemand anderer finanzieren kann – in Wohlfahrtsstaaten ist diese Alternative hauptsächlich die öffentliche Hand. Unterstützt wird (nur), was nach einer gewissen Phase der Unterstützung selbst lebensfähig ist (um das Modewort „nachhaltig" zu vermeiden). Unterstützt wird (nur) das, was durch seine Vorbildwirkung auch Andere dazu bringt ihr Verhalten, ihre Arbeits- und Finanzierungsmodelle zu verändern. Das können andere Organisationen sein, aber auch andere Geldgeber, allen voran wiederum die öffentliche Hand. Nur das kann die erhoffte Hebelwirkung, die erhoffte maximale Wirkung bringen.

Für eine Stiftung, die ihr Geld möglichst effizient verwenden will, kann das Ziel gar nicht anders erreicht werden, wenn man die Größenverhältnisse kennt: Selbst die größte Stiftung der Welt, die Gates Foundation, könnte mit ihrem gesamten Vermögen (nicht Jahresbudget!) die Kosten für das Schulsystem in Kalifornien einzig für ein paar Tage bezahlen. Dann wäre das gesamte Geld der weltgrößten Stiftung weg.

Gehen Sie zurück zum eingangs erwähnten Beispiel der Beginne des sozialen Wohnbaus: Die KFJ-Jubiläums-Stiftung hat mit ihrer Investition in revolutionäres Neudenken von Wohnen ihren Beitrag dazu geleistet, dass die Wohnsituation von Millionen von Menschen in Österreich besser geworden ist. Finanziert hat sie aber nur zwei Gebäude.

Bill Drayton, der Gründer von Ashoka, drückt das so aus: Es reicht nicht, bedürftigen Menschen Fisch zu essen zu geben. Es reicht auch nicht, ihnen das Fischen beizubringen (die bekannte „Hilfe zur Selbsthilfe"). Ashoka sucht und unterstützt vielmehr jene Menschen, die das gesamte Fischereiwesen in einem Land verbessern, also zum Beispiel neue Fischerboote erfinden.

Sozialunternehmer sind das logische Gegenüber von jenen Stiftungen, die sich den eben beschriebenen Ideen von „Venture Philanthropy" verschrieben haben, und somit nach der größten Wirkung streben. Auch sie versuchen, durch einen radikalen Umbruch des Systems, den sie nur anstoßen oder auslösen, die Situation von tausendfach mehr Menschen zu verbessern, und nicht nur jenen, denen sie direkt helfen.

Ashoka ist das größte Netzwerk von Sozialunternehmern, das es weltweit gibt. Rund 3.000 sind es mittlerweile, die innovative Lösungen für die verschiedensten sozialen und ökologischen Probleme nicht nur gefunden, sondern auch unternehmerisch umgesetzt haben.

Gemeinsam mit anderen Förderern hat die Essl Foundation im Jahr 2011 den Start von Ashoka in Österreich ermöglicht. Seit 2012 werden auch in Österreich Menschen, die unternehmerisch an Sozialinnovation arbeiten, zu „Ashoka Fellows" gemacht, wie auch in 70 anderen Ländern der Welt.

2011 waren Johannes Lindner, der das österreichische Bildungssystem von innen heraus durch Änderungen in den Lehrplänen zu mehr Eigeninitiative und Unternehmertum verändert, und Gerald Koller, der Jugendlichen den Umgang mit Risiko lehrt, die ersten „Ashoka-Fellows" in Österreich. 2012 war es Martin Hollinetz, der Menschen in den Regionen einen offenen Raum für kreative und technische Aktivitäten ermöglicht. Und erst kürzlich wurde mit Gregor Demblin jemand zum „Ashoka Fellow" gekürt, der über die Online-Jobplattform „Career Moves" Unternehmen dazu bringt, mehr Menschen mit Behinderung zu beschäftigen.

Gerade in Zeiten, wo es illusorisch ist, dass Sozial-, Forschungs- und Umweltbudgets großartig erhöht werden, sind Innovationen mehr gefragt denn je. Und der Umbruch, zu dem aufgebrochen wird, bedeutet in diesem Fall, den Menschen nichts wegzunehmen, obwohl ihr Fußtritt kleiner geworden ist. Ersteres ist notwendig um Frieden zu erhalten. Zweiteres ist notwendig, um die Erde zu erhalten. Stiftungen und Sozialunternehmer sind das Gespann, das man am besten vor diesen Karren spannt.

SOCIAL ENTREPRENEURSHIP AN EINEM BEISPIEL

JOACHIM SCHREIBER

Ein Projekt, dass versucht sich als ein Social Entrepreneur zu etablieren ist die „Einkaufsgruppe NGO NPO Austria".

Hierbei handelt es sich um eine Initiative, die es ermöglichen soll, große Summen an Organisationsgeldern durch einen gemeinsamen Großeinkauf einzusparen und gleichzeitig eine ökologische, faire oder generell nachhaltige Beschaffung zu verstärken und günstiger zu machen. Um die Grundidee greifbarer zu machen, erlauben Sie mir etwas auszuholen: Alle NGOs und NPOs Österreichs beschaffen ihren Overheadbedarf bisher alleine und zahlen durch die winzigen Volumina teils sehr teure Preise. Um dieses Problem zu beheben, wurde zunächst ein strategischer Partner gesucht, der die Beschaffung aus logistischer Hinsicht und das Volumen betreffend zu meistern in der Lage wäre. In der Tochter der HOGAST Beschaffungs-Genossenschaft „Handover" wurde ein solcher Partner mit langjähriger Erfahrung im kirchennahen Pflegebereich gefunden. Eine derartige Zusammenarbeit birgt mehrere Vorteile: Einerseits kann ein existierendes Portfolio genutzt werden, ohne selbst komplizierte Strukturen aufbauen und finanzieren zu müssen. Andererseits ist diese Art der Kooperation beinahe Voraussetzung für ein Funktionieren einer derartigen Einkaufsgruppe. Anders als in einem großen Konzern, kann hier nicht mit dem Vorteil operiert werden, dass ein Vorstand oder Aufsichtsrat eine strategische Beschaffung für alle Abteilungen beschließt. Der NGO-Sektor ist nicht nur ungemein heterogen, gemeinnützige und Nichtregierungs-Organisationen sind außerdem besonders zahlreich. Sie stehen, abgesehen von ideologischen Unterschieden, um das jährlich ausbezahlte Spendengeld in direkter Konkurrenz zueinander und sind deswegen nicht unbedingt geneigt sich größere Einblicke in Beschaffungsvorgänge, Sponsorenverträge oder speziell ausverhandelte Konditionen bei einzelnen Händlern zu gewähren. Das machte die Gründung einer externen „Institution" notwendig, um die Diskretion der einzelnen Mitglieder wahren zu können, aber auch um bereits bei einer kleinen Anzahl von Mitgliedern und beschaulichen Volumina operativ werden zu können. Man darf nicht vergessen, dass in Österreich etwa 300 Organisationen das Spendengütesiegel besitzen und über 500 Organisationen von der steuerlichen Spendenabsetzbarkeit profitieren, ohne dass der Tierschutz hier zugelassen und demnach miteingerechnet wäre.

EINE HAND WÄSCHT DIE ANDERE

Gleichzeitig ist es für einen Großanbieter wie „Handover" bzw. „HOGAST" aufwendig und teuer, sich bei einem Umsatzvolumen von rund 900 Millionen Euro/a

und einer Anzahl von über 2000 Lieferanten, einer grundlegenden Ökologisierung des Portfolios zu unterziehen. Die Einkaufsgruppe hilft durch die symbiotische Kooperation beiden Gruppen enorm: Große Summen an Spendengeldern und Leistungsträgerbudgets können eingespart werden, während das Angebot des Firmenpartners grundlegend ökologisiert wird. Dies kann einer ganzen Branche nachhaltige Impulse verleihen und die Größenordnungen können sich sehen lassen: 2012 wurden laut „Spendenbericht 2012" des Fundraisingverbandes Österreich, erstmals eine halbe Milliarde Euro an Spenden umgesetzt. Die zugrundeliegende Annahme geht davon aus, dass bei Nonprofit-Organisationen nicht, wie sonst üblich, etwa 20% des Aufwandes auf Overhead-Kosten (Bürobedarf, Versicherungen, IT-Hardware, Miettextilien, Strom, Gas, Telefonie, etc.) entfallen, sondern nur die Hälfte, also etwa 10%. Diese konservative Schätzung beruht auf dem Gedanken, dass möglicherweise ein Gutteil des Geldes außerhalb Österreichs Bedürftigen (Flutopfern, Erdbebenopfern, etc.) zugutekommt, BEVOR es in Österreich Overhead-Kosten verursacht und die Tatsache dass Lohnkosten zu berücksichtigen sind.
Je nach zugrundeliegender Summe, beläuft sich das Volumen der Gemeinkosten, selbst bei vorsichtiger Schätzung, auf eine Größenordnung von ca. 50 Millionen Euro, die jährlich, bisher von NPOs und Gemeinnützigen einzeln und ohne besondere Preisvorteile nutzen zu können, aufgebracht werden muss. Darin nicht eingerechnet sind jene Leistungen, die von besagten NPOs als „Leistungsträger" auch mittels Subventionen abgewickelt und erbracht werden bzw. jene Budgets, die in der außeruniversitären Forschung beheimatet sind.

Die geballte „Schwarmintelligenz" aller partizipierenden Organisationen sorgt im Gegenzug für eine grundlegende und absolut erstklassige Ökologisierung des Produktportfolios der Beschaffungsdienstleister, welches sodann auch allen Einkäufern der Privatwirtschaft dieses Sektors zur Verfügung steht: Hier nur einige Beispiele für Standards und Gütesiegel: FSC, MSC, EZA, Fairtrade, Blauer Engel, EU-Umweltzeichen, Umweltgütesiegel, Bio Austria, CO_2-neutrale Drucksorten mit Pflanzenfarben oder Reparaturdienstleistungen.

ENORMES EINSPARUNGSPOTENZIAL FÜR NGOS

Geht man von den oben erwähnten Gemeinkosten aus und legt der Schätzung eine Einsparungsmöglichkeit (je nach Produktkategorie) von 20% bis 50% zugrunde, könnten Spendengelder in der Höhe von bis zu 25 Millionen Euro für die eigentlichen Organisationszwecke frei werden und zur Verfügung stehen, die bisher für Bürobedarf, Energie, Versicherungen und Telefonie, etc. ausgegeben werden mussten. (Zum Vergleich: Die Aktion „Licht ins Dunkel" erzielte im Geschäftsjahr 2012/13 ein Spendenvolumen von 13,6 Millionen Euro.)

In Einzelfällen waren nun sogar etwa 63% Ersparnis bei Drucker-/Kopierpapier bzw. 65% bei Fairtrade-Bio-EZA-Kaffee möglich. Die Synergie-Effekte bei Handytarifen, Porto, Zeitungsinseraten sowie ökologischem Catering oder Drucksorten werden nun seit der Gründung der Einkaufsgruppe laufend sichtbar und wachsen stetig an.

NGOS PARTIZIPIEREN IN DER ÖKOLOGISIERUNG DES PRODUKTPORTFOLIOS

Durch die besonderen Anforderungen teilnehmender NGOs an das Produktportfolio (nachhaltige Beschaffung) kommt es im Gegenzug zu einer rückgekoppelten Ökologisierung des Warenangebotes der Hotellerie-Einkaufsplattform, was wiederum den Zugriff auf derartig vorbildliche Produkte für einen gesamten Geschäftszweig verstärkt. Dadurch sinken die Preise für beispielsweise CO_2-neutrale FSC-Drucksorten, da nunmehr nicht nur einige NGOs und Vorreiter darauf zurückgreifen, sondern auch Großabnehmer aus Gastronomie, Tourismus und Hotellerie mittelfristig zu sinkenden Stückkosten beitragen und dabei vorbildliche Produkte nachfragen können, die im B2B-Portal gelistet sind. Das wachsende Umweltbewusstsein der Branche wird somit ohne Umwege mit einer viel größeren Auswahl an vorbildlichen Produkten und Dienstleistungen unterstützt. Da üblicherweise die NGOs als VertreterInnen der Zivilgesellschaft diejenigen sind, welche die Entwicklung neuer Ökostandards vorantreiben oder sogar bewerkstelligen, ist durch die direkte Kopplung der NGOs durch die Einkaufsgruppe eine dramatische Veränderung der „Lernkurve" für den Großanbieter möglich. Dauert es sonst recht lange bis ein neuer Standard im Markt angekommen ist und in Folge auch von CSR-Beauftragten angenommen wird, ist in diesem Fall ein „Shortcut" direkt in das Portfolio Österreichs größter privater Beschaffungsgenossenschaft gelungen. Auf diesem Weg können die neuesten und wegweisendsten Standards viel rascher einer Vielzahl von Großabnehmern kommuniziert und in greifbare Nähe gebracht werden. Anbieter vorbildlicher Lösungen, Waren oder Dienstleistungen werden auch dadurch unterstützt, dass auf diese Art und Weise gleich an der Erreichbarkeit des Marktes für sie mitgeholfen wird, was unter Umständen eine wertvolle Unterstützung für sehr idealistisch agierende KMUs darstellt.

ALLE KÖNNEN MITMACHEN!

Die Initiative „Einkaufsgruppe.com" kann in allen Bereichen erhebliches Potenzial und bereits gelungene Mobilisierung vorweisen. Unsummen gesparter (Spenden-) Gelder, Ökologisierung des größten österreichischen Gastrobeschaffers und dadurch rückgekoppelt nicht nur ein PLUS an Möglichkeiten für die teilnehmenden NGOs, sondern auch die Chance durch gesteigerte Umsätze bei nachhaltigen Produkten, mittelfristig bessere Stückkosten für alle.

Ende April 2013 wurde bereits ein mittelgroßer Workshop abgehalten, der in den Räumlichkeiten der Organisation „4 Pfoten“ stattfand und zu dem sich rund 40 Organisationen anmeldeten. Das rege Interesse konnte nicht zuletzt auch aufgrund der freundlichen Unterstützung durch den Fundraisingverband und den Dachverband der gemeinnützigen „IGO“ erzielt werden, die durch ihre Newsletter die Reichweite massiv erhöhten. Ab der Zusage des dritten Mitglieds wurde formal die „Gruppe“ ausgerufen und an einem Webauftritt und Logo samt Markenanmeldung gearbeitet.

Ein weiterer Aspekt im Sinne des „Social Entrepreneurship“ ist die Skalierbarkeit. Das Potenzial ist beachtlich. Die derzeit rund 20 „Gründungsmitglieder“ der Einkaufsgruppe vertreten zahlenmäßig in etwa erst ein Zwanzigstel alleine jener Organisationen mit Spendengütesiegel oder steuerlicher Absetzbarkeit. Geht man, wie erwähnt, von einem österreichischen Potenzial im Gesamtvolumen von rund 50 Millionen Euro aus, so dürfte das potenzielle Marktvolumen in Deutschland gemäß der üblicherweise verwendeten Faktor-10-Faustregel bei etwa 500 Millionen Euro liegen. Hier ist das Einsparungspotenzial selbst bei bescheidenen 10% Preisvorteil mit rund 50 Millionen Euro bemerkenswert.

LABORE EINER ANDEREN PRAXIS

HARALD BLEIER

Im Rahmen der GLOBArt Academy 2013 leitete ich den Workshop zum Thema „Labore einer anderen Praxis". Hierfür wurden drei Unternehmer eingeladen – Wolfgang Lederhaas, Martin Mollay und Heinrich Staudinger –, bunt zusammengewürfelt, mit völlig unterschiedlichen Hintergründen, um den Workshop möglichst vielfältig gestalten zu können. Die Auswahl der Unternehmen erfolgte aufgrund der Tatsache, dass sie mit unkonventionellen, teils gegen den Mainstream gerichteten Geschäftsmodellen, erfolgreich sind. Den Workshop-Teilnehmern wurden neue Wege aufgezeigt, die sich positiv auf unsere Gesellschaft und unsere Gemeinschaft auswirken.

HARALD BLEIER: VORSTELLUNG

Ich arbeite für ecoplus, Niederösterreichs Wirtschaftsagentur GmbH, und leite den Kunststoff- und den Mechatronik-Cluster. Cluster sind branchenspezifische Wirtschaftsnetzwerke, quer durch die Wertschöpfungskette, vom Rohstoff über die Verarbeitung, vom Maschinenbau bis hin zum Recycling. Ziel der Clusterarbeit ist es, die Innovationsrate der Unternehmen zu fördern und dadurch zu heben. Unternehmen sollen motiviert werden mit anderen Unternehmen zu kooperieren, denn drei Unternehmen bringen gemeinsam meist mehr zusammen als eines alleine.

WOLFGANG LEDERHAAS: SEIFENHERSTELLUNG

Wolfgang Lederhaas zeigte uns wie man Seifen herstellt. Als Germanist, Philosoph, Aromatherapeut, Parfümeur und Kosmetikhersteller vereint er Geistes- und Naturwissenschaften in seinem Unternehmen „LEDERHAAS Cosmetics". Seine Motivation Unternehmer zu werden fand sich in der Idee, alle Facetten seiner Persönlichkeit sowie seine Interessen und Erfahrungen im wissenschaftlichen Bereich und aus seiner beruflichen Laufbahn einzubringen: „Ich nehme auf, was ich vorher gemacht habe, das macht mich größer, weiter und auch glücklicher", erklärte Lederhaas.
Nach einer kurzen theoretischen Einführung in das Thema, ging es mit dem praktischen Teil der Seifenerzeugung weiter. Unsere Urgroßmütter stellten Seife noch selbst her, heute kann das kaum jemand mehr. Eine spannende „Lehrstunde" hat uns das alte Handwerk wieder näher gebracht.

MARTIN MOLLAY: „FREIES OBST UND GEMÜSE FÜR ALLE"

Martin Mollay ist Programmierer und Entwickler. Vor 15 Jahren gründete er ein Unternehmen im EDV-Bereich, durch seine Bundesheerzeit beim Jagdkommando kam er der Natur wieder etwas „näher". So hatte er vor acht Jahren die Idee, eine

Firma für „Überlebenstrainings" zu gründen. Seine Motivation lag darin, Menschen und Natur wieder in Einklang zu bringen. Im Rahmen dieser Tätigkeit fiel ihm immer öfter auf, dass Obst von wild wachsenden Bäumen in der Natur nicht mehr gepflückt und aufgesammelt wird, sondern achtlos liegen bleibt. Sein Ziel ist es, in der Stadt Obstbäume auf öffentlichen Flächen zu pflanzen und als nächsten Schritt Gemüsebeete anzulegen, die von interessierten Menschen gemeinsam betreut werden. So erreicht man mehr Regionalität und eine gewisse Unabhängigkeit zu großen Supermarktketten. Gleichzeitig knüpfen die Menschen bei der gemeinschaftlichen Gartenarbeit neue Kontakte. Sein großer Wunsch ist es, dass nicht nur im öffentlichen Raum wieder mehr selbst angebaut wird, sondern auch in privaten Gärten Obstbäume stehen, Gemüse im eigenen Beet wächst und viele Gemeinden diesem Vorbild folgen. Mollay beschreibt sich als Mensch, der gerne handelt und Dinge in die Tat umsetzt. Sein größter Wunsch ist es, einen direkten Bezug zu gesunder Nahrung aus dem lokalen Umfeld zu schaffen und irgendwann vielleicht eine Obst-Autarkie für eine ganze Stadt oder sogar ein ganzes Land zu erreichen.
Ein kurzer und sehr originell gemachter Film hat den Workshop-Teilnehmern einen Einblick in seine Idee und in die Umsetzung seines Projektes „Obstbäume pflanzen im urbanen Raum" gegeben.

DISKUSSION VON HEINRICH STAUDINGERS FIRMENPHILOSOPHIEN

Heinrich Staudinger ist Schuhproduzent aus dem Waldviertel. Berühmt gemacht hat ihn der Umstand, dass er den Aufbau seiner Firma mit Geld finanziert hat, welches er sich bei Verwandten, Freunden, später auch Mitarbeitern und Kunden ausgeborgt hat. Insgesamt waren es 200 Leute, die ihm rund drei Millionen zur Verfügung gestellt haben. Die FMA (Finanzmarktaufsicht) nahm ihn ins Visier und klagte ihn, da die Kreditvergabe nur Angelegenheit der Banken ist. Stolz erklärte er, dass nicht nur er selbst dadurch einen hohen Bekanntheitsgrad erlangte, sondern auch die FMA.
Staudinger formulierte seine drei Firmengrundsätze folgendermaßen: Erstens „Scheiß di ned au!", zweitens „Bitte, sei ned so deppat!" und drittens „Orientiere dich an der Liebe!".
Der Medizinsoziologe Antonovsky forschte nicht daran was den Menschen krank macht, sondern an dem was gute Bedingungen sind, damit Menschen gesund bleiben. Drei Grundfaktoren hielt er dabei fest: die Welt einigermaßen zu verstehen, eine Chance zu bekommen in der Welt aktiv zu werden und die Möglichkeit, das eigene Handeln in einen sinnhaften Zusammenhang zu bringen.
Staudinger selbst sieht es als Glücksfall an, dass er Unternehmer geworden ist, denn selbst verantwortlich zu sein, für das was er tut, ist für ihn optimal.

Abschließend erhielten die Workshop-Teilnehmer Kärtchen, auf denen sie ihre Eindrücke aufschreiben konnten. Diese Impressionen wurden kurz vorgelesen und somit ein Resümee über den Workshop gezogen:

Kurz zusammengefasst lernten die Teilnehmer, wie man mit unkonventionellen Methoden und Mitteln seine Ideen realisieren kann. Wichtige Eigenschaften sind Entschlossenheit, Mut und Durchhaltevermögen. Der finanzielle Erfolg steht nicht im Vordergrund, sondern der Nutzen für Gesellschaft und Umwelt.

Video:
http://www.youtube.com/watch?v=eWWlEKNrFj0

„DREI WELLEN“ - ZIELEXPLORATION MIT DEM UNTERBEWUSSTSEIN

SENANA LUCIA BRUGGER

Schließe deine Augen, entspanne Arme und Beine. Atme einige Atemzüge tief ein und aus, entspanne dann die Augen, den Kiefer, deine Handflächen und Fußsohlen.
Wenn du die Augen wieder öffnest, hat sich alles verändert. Du bist nicht mehr im Kloster UND in Krems, dem Ausgangspunkt deiner Reise. Um dich herum erstreckt sich eine zerklüftete Landschaft voller Hügel. Die Luft schmeckt schal und riecht nach Schwefel, die einzige Vegetation sind kahle Bäume, deren Äste in den düster bewölkten Himmel ragen. Die Sonne ist nicht zu sehen, aus den Wolken sickert fahlgelbes Licht, die Tageszeit ist unbestimmbar. Du hörst ein fernes Zischen wie von heißen Quellen. Rund um dich nur Felsen, Steine und Staub. Als du dich von deiner Verwunderung ein wenig erholt hast, blickst du dich genauer um und entdeckst vor dir eine kleine Hütte, die sich an die Felsen schmiegt.

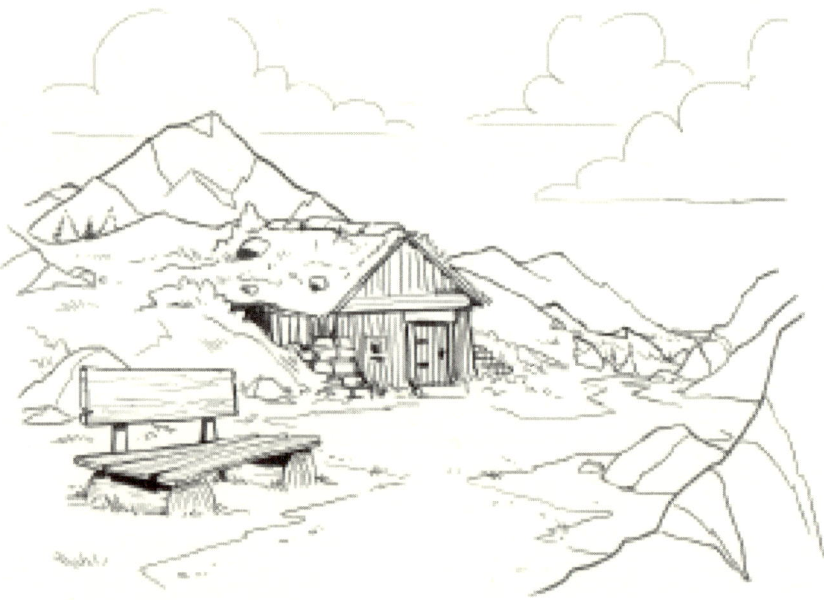

Vor der Hütte sitzt eine amüsiert blickende, ältere Frau. Sie erinnert dich unwillkürlich ein wenig an das Klischee einer Wirtin. Schmauchend nimmt sie ihre Pfeife aus dem Mund, und spricht: „Hast du dich verlaufen? Wo willst du denn hin?“. Du antwortest zögerlich: „Das weiß ich auch nicht so Recht. Seltsame Seminarleiter haben mir eine Aufgabe gegeben. Ich machte die Augen zu und als ich sie wieder öffnete war ich plötzlich hier. Ich hatte gehofft, Sie könnten mir vielleicht weiterhelfen.“

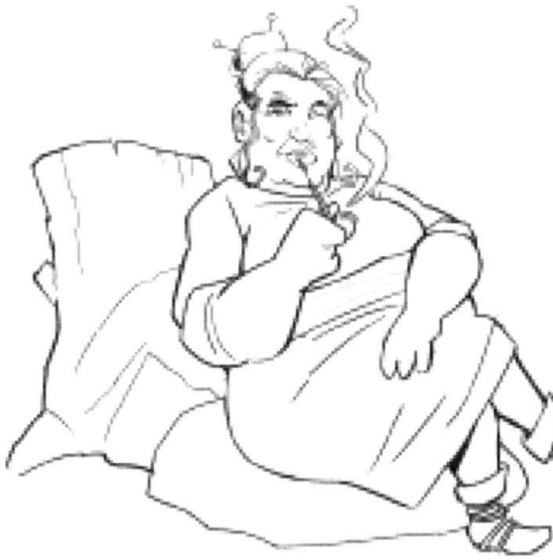

ÜBER DAS GESCHICHTENERZÄHLEN

Traditionell verpacken viele Kulturen Wichtiges in Gleichnisse und Geschichten über Helden und Götter. Ein plakatives Beispiel kommt, wie so oft, aus dem alten Griechenland. Kaum hatten die Athener ihre Demokratie eingeführt, erfanden sie flugs eine Göttin der Demokratie, errichteten ihr zu Ehren Statuen und beteten sie an. Bei den Germanen übernahm Tyr, der Schutzgott der Gerichtsplätze, oder auch Thingstätten, eine ähnliche Rolle. Er sollte über gegenseitiges Vertrauen und die Einhaltung von Verträgen wachen.
Noch heute finden wir in vielen Justizgebäuden Abbildungen der Justitia. Journalisten und Werbefachleute benutzen Geschichten, um ihre Botschaften greifbarer zu machen, und sie ihrer Zielgruppe in die Köpfe zu meißeln.
Geschichten sind ein machtvolles „Datenformat“ des menschlichen Denkens und Handelns. Sie motivieren, erläutern und verkaufen. Deswegen werden sie häufig der Manipulation und Verzerrung bezichtigt. Doch selbst in trockene Statistiken[1]

1 Schönes Beispiel hierzu: Gerd Bosbach / Jens Jürgen Korff, *Lügen mit Zahlen. Wie wir mit Statistiken manipuliert werden*, München: Heyne 2011.

kriechen oft Geschichten. Sie schleichen sich in Nachrichten und lauern in jedem Wahlkampf. Die Verben „schleichen", „lauern" und „kriechen" sind selbst schon kleine Geschichten(bausteine): Als Metaphern beeinflussen sie, wie das Gesagte verbildlicht und aufgenommen wird. Vielleicht *bereichern* Geschichten ja auch Statistiken, *strukturieren* oder *illustrieren* Nachrichten und *würzen* den Wahlkampf?
Die Macht der Geschichten besteht darin, dass sie auf einer Ebene der ver-körperten Vorstellungskraft arbeiten. Vor allem aber ist das Narrative das Format, in dem wir unsere individuelle und kollektive Identität konstruieren. Geschichten sind besonders geeignet, um durch sie etwas zu *lernen*, vor allem implizit und zwischen den Zeilen.

DREI WELLEN, VIER ECKEN

Im vorangegangenen Vortragstext sprachen wir über die Prinzipien von „Drei Wellen", das *Warum*. Im Rahmen des Workshops konnten wir eine Kostprobe geben, *was* unsere Arbeit ausmacht. Zu diesem Zweck wurde das „Drei Wellen"-Prinzip auf das Thema „Aufbruch" angewendet, unter dem Motto „Sinn bei der Arbeit finden". Wir erstellten dazu einen Ablauf, in dem die Teilnehmer für sich exemplarisch explorieren konnten, wo ihre individuellen Quellen intrinsischer Motivation verborgen liegen. Daraufhin wurden ihnen Anregungen gegeben, diese in ihren (Arbeits-)Alltag und ihre aktuellen Zielsetzungen zu integrieren.
Wir arbeiten unseren Inhalt stets parallel auf: Zum Thema erzählen wir eine fantastische Geschichte mit mystischen Wesen und Magie. Das spannt einen Erlebnisrahmen auf, innerhalb dessen sich die Teilnehmer mit einem erfundenen Charakter wie in einem Spiel bewegen können. Parallel gibt es die nötige theoretische Einbettung in der „Wissenschafts-Ecke". Den Leitfaden bilden Übungen, die Raum für persönliche Erfahrungen bieten. Diese drei unterschiedlichen Stränge - Story, Theorie und Praxis - werden je nach Gruppe abwechselnd bedient und ermöglichen so größtmögliche Flexibilität für die Seminarleitung. Das mehrgleisige Vorgehen bindet unterschiedliche Selbstsysteme der Teilnehmer ein.

DIE INNERE VIELFALT: SELBSTSYSTEME

Wir gehen davon aus, dass der Mensch aus **mehreren unterschiedlichen Selbstsystemen** besteht. Umgangssprachlich weisen wir daraufhin, dass „zwei Seelen, ach, in meiner Brust" wohnen, ein „Bauchgefühl" sich mit dem „Kopf" streitet, das „Herz" oder das „Rückgrat" an einer Sache beteiligt sein soll. Diese verkörperten Metaphern weisen auf Tatsachen hin, die mittlerweile von der Psychologie genauer beleuchtet worden sind. Wir benutzen hier die Persönlichkeits-Selbstsystem-Interaktions (PSI)-Theorie nach Julius Kuhl als Basis. Selbstsysteme sind körperlich unterschiedlich „implementierte" Teile unseres Selbst, die verschieden funktionieren und ihnen innewohnende Stärken

und Schwächen haben. Tätigkeiten benötigen zum Erfolg häufig ein Zusammenspiel verschiedener Systeme.
Was sind das für Systeme und wie funktionieren sie? Die beiden Wichtigsten (aus Platzgründen müssen wir auf Differenzierung und tiefergehende Betrachtung wissenschaftlicher Hintergründe verzichten) werden umgangssprachlich als „Kopf" und „Bauch" bezeichnet. Unter „Kopf" verstehen wir das analytische, manchmal als „linkshirnig" bezeichnete Denken. Daniel Kahneman[2] bezeichnet es schlicht als „System 2" und nennt es das *langsame* Denken. Es ist bewusst, verbal, logisch und zur Abstraktion fähig. Leider ist es zudem langsam und anfällig, es braucht eine Menge Ressourcen und ideale Bedingungen. *Ohne Unterstützung durch andere Systeme, ist dieses System nicht zu Entscheidungen in der Lage!* Das Umsetzen bzw. das endgültige *Treffen* von Entscheidungen erfordert „System 1", das *schnelle* Denken. Dieses System führt Buch über alles was passiert, von Anfang an. Jedes Erlebnis wird beurteilt nach den Kriterien „war gut – mehr davon" oder „unangenehm – besser meiden". Diese Urteile fallen aus zwei unterschiedlichen „Beobachterperspektiven": Gut ist nicht das Gegenteil von schlecht, diese beiden Kriterien bilden nicht die Extreme derselben Skala. Vielmehr widmet sich ein Teil von „System 1" dem Suchen nach dem Unangenehmen, ein anderer Teil beurteilt nur das Angenehme, jeweils nach den Prinzipien *Annäherung (hin-zu)* bzw. *Vermeidung (weg-von).*
Diese gelten universell: Schon Amöben haben innere Landkarten ihrer Umwelt und reagieren auf Reize mit Annäherung oder Vermeidung, je nachdem ob sie Futter oder Gefahr bedeuten.

MOTIVATION, SCHWEINEHUND UND BIBER

Das Gesicht der Dame erhellt sich, fast bis zu einem Grinsen. „Ah, du bist also aus dem Kloster UND in Krems. Dein Weg hat dich hierher geführt ... wo er endet, ist noch nicht klar. Nur so viel kann ich dir sagen, du musst in die gläserne Stadt, dort wird sich alles enthüllen. Aber nimm dich in Acht, auf dem Weg erwarten dich Hindernisse. In alter Zeit waren die Wege sicher und es herrschte reger Handel. Die Quelle sprudelte und das Wasser ernährte die Gegend. Dann trocknete sie aus, und wo früher unsere Wiesen blühten gibt es heute nur Disteln, Steine und Dämonen. Unser Land darbt in Elend. Doch die Quelle ist der Schlüssel! Um deinen Weg zu finden, musst du die Quelle wieder zum Fließen bringen." Sie blickt bedächtig, ein wenig sorgenvoll, und zieht erneut an ihrer Pfeife. Anscheinend ist alles Wichtige gesagt. Da kein Weg wieder zurückzuführen scheint, nimmst du dir ein Herz und fragst: „Und wie finde ich diese Quelle?". „Sie liegt in dieser Richtung", antwortet

2 Cf. Daniel Kahneman, *Thinking, Fast and Slow*, London: Penguin 2012.

die Dame und zeigt auf die nächste Hügelkette. Ihrer Geste folgend fällt dein Blick auf einen sich zum Pass empor windenden Pfad. Plötzlich bemerkst du entsetzt ein grauenvolles Untier, ein Monster, halb Schwein halb Hund. Es liegt schlafend an einer massiven Kette und macht ein gefahrloses Durchkommen unmöglich. Die Dame bemerkt deinen Blick, und lacht: „Das ist mein Schweinehund. Keine Sorge, er tut nichts – wenn du dich angemessen zu benehmen weißt! Du machst das schon." Mit diesen Worten dreht sie sich um und verschwindet in ihrer Hütte. Du gehst zögerlich voran, so recht geheuer will dir das Ganze nicht erscheinen. Als du an dem Schweinehund vorbei schleichst, knackt ein Zweig. Das Monster erwacht und springt mit unerwarteter Schnelligkeit auf dich zu, die Kette spannt sich, geifernde Lefzen stoppen ganz kurz vor deinem Gesicht. Du schreist...

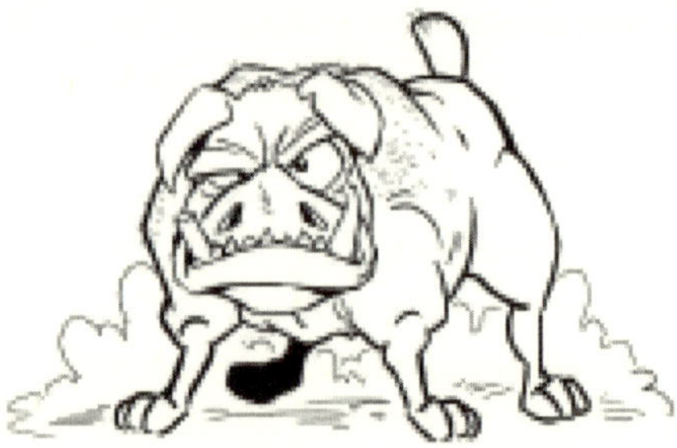

Unser Prinzip lässt sich metaphorisch so ausdrücken: Wasser fließt abwärts. Wenn es das nicht tut, nutzt es nichts, das Wasser auszuschimpfen. Viel effektiver ist es, den Biber zu suchen, der ständig diese ganzen Dämme baut, und ihn dazu zu bringen, aufzuhören.

Übersetzt heißt das, wir gehen davon aus, dass ein motivierter Mensch seine Ziele erreicht. Wenn er gesetzte Ziele nicht erreicht oder Motive nicht zu klaren Zielen ormuliert werden können, suchen wir einerseits spielerisch nach den Quellen intrinsischer Motivation im psychischen System, andererseits finden wir heraus, was für Hindernisse dem Menschen im Wege stehen. Hindernisse können dabei Verschiedenes sein: lösungsorientiert sind sie „Ressourcen", häufig „Wächter", also altbewährte Schutzstrategien. Manchmal steht einem Ziel auch ein anderes Ziel entgegen, oder schlicht ein Mangel an Motivation.

Die Teilnehmer stehen vor einer mythischen Figur, die in unserer Kultur relativ häufig angerufen wird: dem Schweinehund. Diese Kreatur soll ihr Unwesen in den Tiefen unseres Unterbewusstseins treiben. Dort soll sie angeblich stets das sabotieren, was dem Besitzer dieses Unterbewusstseins lieb und teuer ist.

In Wahrheit ist das Prinzip, das wir als Schweinehund kennen, ein nützlicher Aspekt unseres *freundlichen, fürsorglichen Unterbewusstseins (FFU).*
In unserer Geschichte prüft der Schweinehund die Motivation des neuen Ziels, das da so frech des Weges kommt. Nur eigenmotivierte Ziele dürfen versuchen, die eigenen Motivationsquellen anzuzapfen. Nassim Taleb, bekannt geworden mit Büchern über Risiko und die Grenzen des Wissbaren, sagt beispielsweise über das Aufschieben, „*Procrastination* is the soul rebelling against entrapment“[3]. Eigenmotivierte Ziele werden auf vielfältige Weise vom FFU unterstützt. Sieht das FFU den Sinn einer Aufgabe nicht ein, oder entdeckt es gar Gefahren, die das Bewusstsein nicht erkennen kann, schlägt es Alarm. Genauso wie es, an Effizienz interessiert, unnötige „Fleißaufgaben“ unterlassen möchte. Wer beim Geld effizient wirtschaftet wird „sparsam“ genannt, wer dasselbe Denken in Bezug auf seine eigene Arbeit und Lebenskraft an den Tag legt kann sich das Adjektiv „faul“ einfangen. Genauso wie sich Sklavenhalter beklagen, ihre „Besitztümer“ seien „faul und hinterhältig“, kann das Bewusstsein manchmal nicht zwischen Widerstand und anders gearteter Motivation unterscheiden. Zwang kann helfen, unliebe notwendige Dinge zu tun, jedoch nicht um *hin-zu* Motivation zu wecken.
Wie also mit Motivation umgehen? Wir bedienen uns hierbei unter anderem der Techniken des Zürcher Ressourcen Modells (ZRM®), eine von Schweizer Psychologen entwickelte Vorgehensweise.[4] Das FFU wird in diesem Prozess so angesprochen, wie es ihm entspricht: mit Bildern, Assoziationen und körperlichen, „somatischen“ Markern.[5]
So viel zum Schweinehund. Was aber ist mit dem Biber? Im Prozess der Veränderung treffen wir immer wieder auf Hindernisse. Neben anders gearteter Motivation gibt es auch Hinweise des FFU auf echte Gefahren. *Manchmal sind Hindernisse der Grund, auf dem wir stehen.* Unsere inneren Landkarten wie die Dinge sind, unsere Welt-Bilder, können uns im Wege stehen, in die Irre leiten oder noch nicht genug Information über das Zielgebiet beinhalten.

---

3 Nassim Taleb, *The Bed of Procrustes. Philosophical and Practical Aphorisms*, New York: Random House 2010.

4 Cf. Maja Storch / Frank Krause, *Selbstmanagement – ressourcenorientiert. Grundlagen und Trainingsmanual für die Arbeit mit dem Zürcher Ressourcen Modell - ZRM®*, Bern: Huber 2007 (4. Auflage).

5 Eine gute Einführung in die essenzielle Wichtigkeit der ver-körperten Perspektive bietet: Maja Storch / Benita Cantieni / Gerald Hüther / Wolfgang Tschacher, *Embodiment. Die Wechselwirkung von Körper und Psyche verstehen und Nutzen*, Bern: Huber 2010 (2. erw. Auflage). Wie Körper und Denken zusammenhängen lässt sich gut verstehen in George Lakoff / Mark Johnson, Metaphors We Live By, Chigaco: Chicago University Press 1980. Gleichzeitig eine gute Quelle über die Macht von Geschichten.

Hindernisse können also nicht einfach „wegdefiniert“ werden, selbst bei optimaler Zielformulierung. Das Problem ist, dass Hindernisse und Ressourcen, Stärken und Schwächen, Vor- und Nachteile von innen gesehen nicht zu unterscheiden sind. Stärken *sind* Schwächen, bezogen auf andere Ziele. Jede Eigenschaft hat (mindestens) zwei Seiten.

Im Workshop unterstützen wir die Zielexploration der Teilnehmer mithilfe des Tricks der „optimalen Frustration“. Wir provozieren im geschützten Rahmen eine Stresssituation und geben dem Teilnehmer dazu verbales und visuelles Feedback („Drei Perspektiven“). Dabei zeigt sich normalerweise sowohl eine „Krafthaltung“ für den Teilnehmer, als auch ein Hindernis, das im Zweifelsfall stärker als das Ziel werden kann und Handeln im Zielsinne verhindert. Wir bieten Anregungen, wie das Ziel „geimpft“ und geschützt werden kann.

Manche „Hindernisse“ bleiben Einschränkungen für das Ziel, man kann oder sollte sie nicht verändern. Andere können als Ressourcen und Stärken das Ziel unterstützen, wieder Andere werden einfach durch neu erlernte Verhaltensweisen ersetzt und verschwinden. Hier können wiederum Geschichten hilfreich sein. Wichtig ist jedoch, dass das Tempo, die Art und das Ausmaß der Veränderung, vom Klienten bestimmt wird. Hindernisse können oft nur in geeigneter Reihenfolge und in kleinen Schritten angegangen werden. *Das Bedürfnis nach Stabilität ist dem Drang nach Veränderung gleichberechtigt.*

ES WAR EINMAL EINE KRÖTE: SPIEL UND ERNST

Du gehst den Weg entlang, der zunehmend durch vertrocknete Äste und mumifiziertes Moos führt. Am Gipfel des Hügels, in der Mitte eines Felsbrunnens, der in besseren Zeiten sicherlich idyllisch gewesen sein mag, hockt eine erstaunlich große Kröte. Der Geruch, der von ihr ausgeht, dreht dir fast den Magen um. Es wirkt als habe sie das ganze Wasser, das einst die Quelle speiste, aufgesogen und in Warzen und Schleim ihres aufgeblähten Körpers umgesetzt. Sie blickt dich gleichgültig an, den Hauch eines hämischen Grinsens auf den wulstigen Lippen.

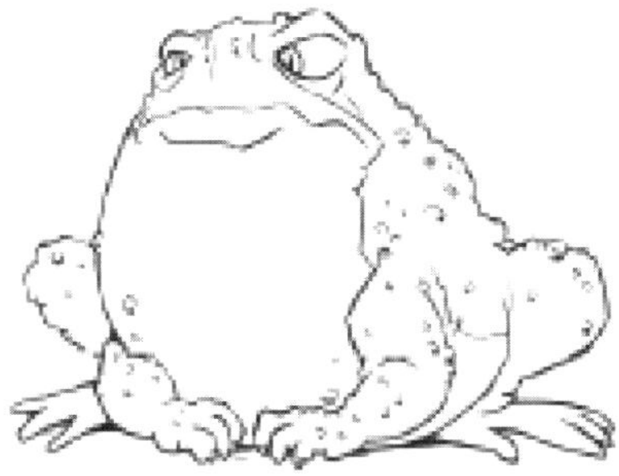

Wird der Kampf gegen die Kröte gelingen? In unserem Spiel ist alles offen, wir wissen es nicht. Wichtiger als der Verlauf ist ohnehin das Spiel selbst und das damit verbundene *Lernen*. Weshalb?

Zum Thema Lernen sagte angeblich Konfuzius: „Ich höre und ich vergesse. Ich sehe und ich erinnere. Ich tue und ich verstehe". Die unvergleichliche Vera Birkenbihl drückte es in einer Metapher so aus, dass Lerninhalte erst wie ein Proviantpaket aufgemacht und die Inhalte einzeln zerkaut, gegessen und entsprechend verdaut werden müssen, um Teil des Systems des Lernenden zu werden. Versucht man es im Ganzen zu schlucken bleibt der Inhalt unverdaut und kann nicht auf natürliche, unverkrampfte Weise aufgerufen und verwendet werden. Um etwas wirklich zu VERSTEHEN braucht es also das Erfahren im Kontext mit eigenen Interessen, Problemen und Fragestellungen. Das benötigt nicht zuletzt das „Herumspielen" mit der Materie. *Ein Spiel ist eine Frage mit offenem Ausgang.*

Spiel ist ein häufig unterschätztes Phänomen. Der populärwissenschaftliche Autor Tim Hartford spricht in seinem „ADAPT"[6] davon, dass jeder Erfolg mit einem Fehlschlag anfängt. Der Unterschied zwischen einem Erfolg im Spiel und einem „geplanten" Erfolg ist, dass man eine ganze Menge mehr darüber weiß, was nicht funktioniert. Man hat eine innere Landkarte des *Kontextes* aufgebaut, das bedeutet nicht nur Wissen über einzelne Elemente, sondern auch über Zusammenhänge. Spiel bereitet vor auf Komplexität.[7] Evolutionär erprobt!

Spielerische Motivation hat selbstverständlich Grenzen: *Unser Denken ist auf Geschichten ausgelegt* – die Welt jedoch nicht. Geschichten sind von Menschen gemacht. So wie

6 Cf. Tim Harford, *ADAPT. Why Success Always Starts with Failure*, London: Little, Brown 2011.

7 Cf. Stuart Brown / Christopher Vaughan, *Play. How it Shapes the Brain, Opens the Imagination, and Invigorates the Soul*, New York: Penguin 2010.

wir Bilder in Wolken erkennen, sehen wir Story-Strukturen, wo keine sind. Wo das für die Motivation durchaus nützlich sein kann, ist es für Risikoabschätzung und solide Planung komplizierterer, längerfristiger Ziele äußerst gefährlich. Umso wichtiger ist es, neben der richtigen Motivation auch das Gegenteil, die sorgfältige Planung ins Spiel kommen zu lassen. Bei Planung geht es weniger um den einen richtigen Weg, sondern um eine Landkarte möglicher Wege und zu vermeidender Gefahren. Dabei kann wieder das Unterbewusstsein zu Rate gezogen werden. Der bewusste Verstand, also „System 2“, steht hier im Vordergrund.

In unserem Workshop ist es wichtig, dass jeder Teilnehmer *so selbstbestimmt wie möglich* agiert und die Themen anhand eigener Fragestellungen betrachtet und „durchspielt“. Dadurch, dass wir konstant auf die Eigenmotivation und Sinnhaftigkeit (sprich, Ausgerichtetheit auf ein äußeres Ziel und Effizienz in Bezug darauf) pochen, stellen wir sicher, dass das was hängen bleibt, auch wirklich hängen bleibt. Das heißt, was Teilnehmer im Workshop erleben, ist nicht planbar. Was sie mitnehmen, ist jedoch intensiv verankert und mit eigener Bedeutung versehen – sie haben es „gewonnen“.

Veränderung kann nicht erzwungen werden – aber verdammt effektiv eingeladen werden!

JOSEF HOFER

LUCIENNE PEIRY

I discovered Josef Hofer's work in Lausanne 10 years ago thanks to Elisabeth Telsnig and I am still fascinated by its particular power of expression, by its strength, by its wildness in its creation.

As soon as you look at Hofer's drawings, you realize a body – his own body, which is his main focus. In my view it has always been like that since his birth in 1945, in Wegscheid, Bavaria. His frustrated invalid body was battered and bruised in such a violent manner. His entire being was severely put to the test throughout his whole childhood and youth. The physical story of Hofer overwhelms his life completely.

Josef was born mentally and physically disabled – like his brother Walter. In order to protect his sons, Josef's und Walter's father decided to leave the city and finally moved to the countryside; he bought a farm and lived there with his wife and his children in voluntary exclusion. Remember, it's 1945 and the euthanasia center of Hartheim was very close to the place where Hofer's family lived. For these reasons, Josef never went to school. He lived in isolation with no social links, no friends and no acquaintances. At the age when physical activities become essential for the development of one's identity, Josef Hofer is alone. He spent most of the time with his mother. Life at the farm without electricity and running water was difficult and imposed physical trials due to the cold, lack of hygiene, pain and illness.

Hofer's terrible life lasts 40 years, until 1982. He is then 37 years old. Following his father's death, his mother and her two sons leave the farm and move to Kirchschlag, where they have relatives. From this moment on his cousin Renate Sager will play an important role in his life having a strong beneficial effect. The personal evolution of Hofer's verbal and motor skills becomes obvious.

Ten years later, Hofer enters the second phase of his development. His cousin Renate decides to put him into "Lebenshilfe Oberösterreich" in Ried im Innkreis, an institution specialized in helping disabled people. He attends the workshop of the institution, particularly interested in drawing.

One day, Hofer sees a mirror in a shop and insists on buying the object and asks for it to be placed next to his bed, slightly inclined, so that he can see himself. The discovery of this mirror is a revelation. From then on, Hofer experiments in front of his mirror during the night, alone and naked. He is finally able to look at himself as long as he wants, becoming aware of himself, of his body, of his being.

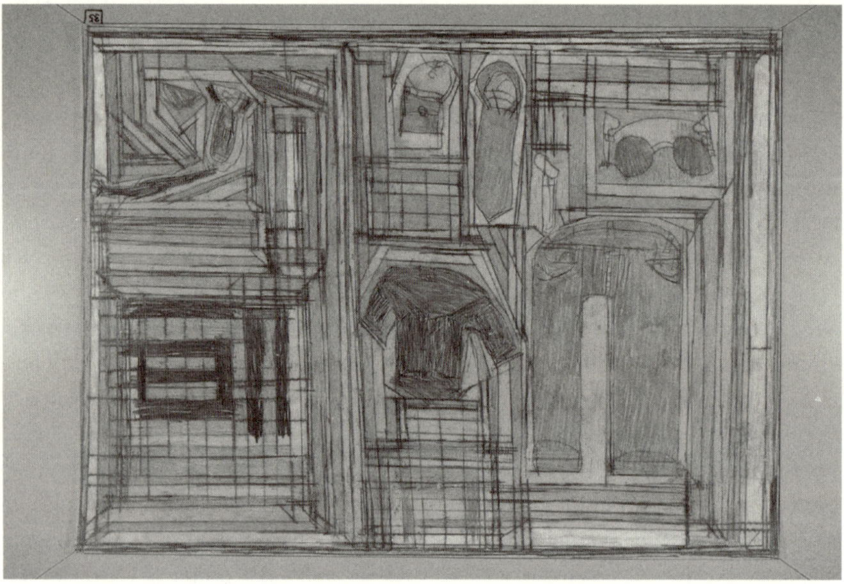

Hofer has drawn objects, clothes in particular. We can see trousers, a shirt, glasses, a tie and a bag. All of them are juxtaposed, as if they are separate items on a list. It is a frontal view of these items laid out next to each other. Each object is flat, represented without volume, without relief, without a third dimension. There is only one point of view. The cold colors of the objects range from blue to grey, whereas, the frame, made up of several elements drawn with great rigor, contrasts with warm tones like orange and yellow.

Hofer is establishing an inventory of the important objects which now belong to his everyday life.

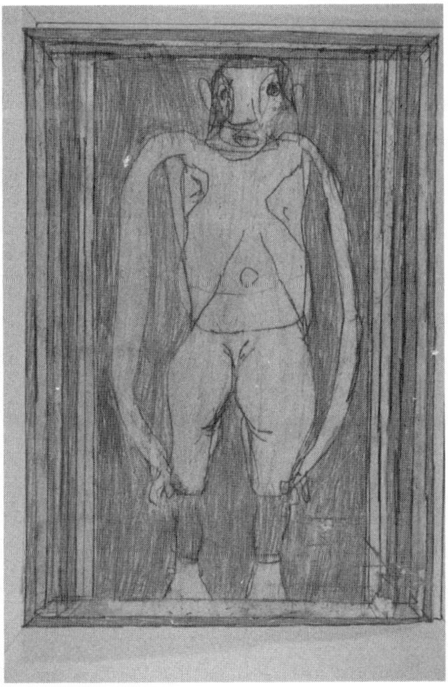

Another important work shows a man in front of us, facing us. It is a self-portrait. We have to keep in mind that the source of this kind of representation is Hofer's experimentation with his mirror. He is naked, alone in his room. He strikes a pose, he studies the image of himself in the mirror, having a deep feeling of communion with his body. The following day, at the creative workshop, he transcribes his memories, his experiences, which he had in the silence and solitude of the night. You will immediately notice that we have a double point of view, the front and the back of the body. Hofer presents the front of the head, the chest and torso, while also depicting the back of the lower part of the body, clearly revealing the buttocks. The frame is important and created with great attention, with horizontal and vertical lines, alternating yellow and orange.

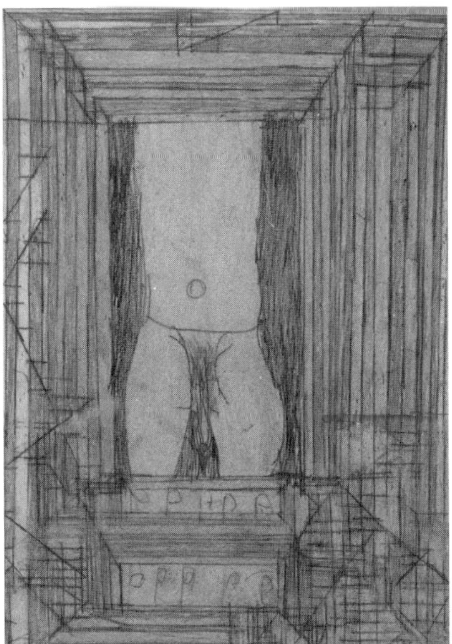

In a third drawing Hofer focuses on a special part of his body – the center of the human being: the torso, genitalia and thighs. We can imagine Hofer is very close to his mirror when he strikes a pose, in order to focalize on this fundamental part of the body. No head, no face, but the heart of the body; the physical sensations, the instinctive and primary impulsions. At the precise center of the composition is a simple circle, his navel, the beginning of life, the vital knot. And just below, Hofer reveals with repetitive lines, the genitalia and at the same time the buttocks. In the same composition, the drawer represents both the front and back, simultaneously. The drawing is outlined with a nude but powerful simplicity. The body is surrounded by a strong frame, this time much wider, made as always using a stick of wood as a ruler, with the same shades, the same warm tones, orange and yellow. You will notice the difference, even the opposition within the composition. On the one hand, the frame is strictly organized in a series of horizontal and vertical lines, producing a kind of repetitive, even heavy layout. On the other hand, the body, the most important preoccupation of Josef Hofer, is revealed in a very simple way, without color, white and naked.

Several art historians and critics interpret the omnipresent frame as a need for protection and security. We can see it in this way. Personally, I see it as an intense desire to highlight his body.

The Swiss philosopher, Jean Starobinski, said: "The spirit, the thought is the result of what we have sensorially perceived. At the beginning there are only bodies, movements and relationships with the world". The body, our body, is at the origin of each of our perceptions.

Josef Hofer has been able to discover these fundamental perceptions. He has invented and continues to invent, night after night, day after day, a fascinating way of expressing himself. I am convinced that his drawings are the result of personal reflections, not only physical but also existential.

BACH ALS IDEALE MUSIKALISCHE METAPHER FÜR AUFBRUCH

WALTER DOBNER

Wohl kein Komponist hat die europäische Musikgeschichte so beeinflusst wie Johann Sebastian Bach. Niemand hat dies treffender zum Ausdruck gebracht wie Beethoven, der meinte, nicht Bach, sondern Meer sollte er heißen. Denn in Bach vereint sich gleichermaßen die bisherige Tradition wie der Aufbruch zu Neuem, streng Gebundenes wie Freies. Bis heute ist er unerreicht in der Dichte und Fantasie seiner Architektonik wie in seiner Offenheit für alles Neue. Besser lässt sich in der Musik das Thema Aufbruch nicht darstellen.

Bachs sechs Klavier-Toccaten (die Bezeichnung ist von „toccare" abgeleitet, bedeutet so viel wie mit den Fingern die Tasten schlagen oder berühren) stammen aus seiner Weimarer Zeit, den Jahren 1710 bis 1714. Gekennzeichnet sind sie gleichermaßen durch spielerische Virtuosität wie improvisatorischen Gestus. Grundsätzlich steht am Beginn eine Fantasie. Daran schließt ein arioser Abschnitt. Dieser mündet in einen Fugenteil, gefolgt von einem langsamen Satz, der in die Schlussfuge führt.

Wie unterschiedlich Bach diesen dem Beispiel norddeutscher Orgelmeister abgeschauten Ablauf handhabt, zeigen seine Toccaten in e-Moll, BWV 914 und c-Moll, BWV 911. Bei der e-Moll-Toccata folgt auf eine kurze Introduktion ein Doppelfugato. Daran schließt sich ein durch Akkordbrechungen charakterisiertes Adagio, woran die brillante Finalfuge anknüpft. Konzentrierter präsentiert sich die c-Moll-Toccata: Die improvisatorische Einleitung führt in ein vierstimmiges Adagio, welches das Thema der anschließenden dreistimmigen Fuge bereits erahnen lässt. Fünf als Rezitativ anzusprechende Takte bilden die Überleitung zur, von einem Adagio-Teil unterbrochenen, weit gespannten finalen Doppelfuge.

Bachs sechs Klavierpartiten bilden den ersten Teil seiner auf vier Teile angelegten „Clavir-Übung" (Teil zwei umfasst die Französische Ouvertüre BWV 831 und das Italienische Konzert BWV 971, Teil drei das Präludium und die Fuge Es-Dur BWV 552, die Choralbearbeitungen BWV 669-689 und die Vier Duette BWV 802-805, Teil vier die Goldberg-Variationen BWV 988). Bei den Partiten handelt es sich um aus mehreren Tanzsätzen zusammengefügte Suiten. Ihr Herzstück sind die vier klassischen Suitensätze Allemande, Sarabande, Courante und Gigue. Jede dieser Partiten zeichnet sich durch große Individualität aus. Die sechste Partita wird eröffnet von einer Toccata mit einer dreistimmigen Fuge als Mittelteil, gefolgt von einer ruhigen Allemande und einer stark rhythmisierten Corrente. Daran schließen eine graziöse Air und eine mit reichen melodischen Verzierungen aufwartende Sarabande an. Eine von Triolenbewegungen überlagerte Gavotte bildet das Bindeglied zur abschließenden überaus kunstvoll gearbeiteten Gigue.

Die in c-Moll stehende zweite Partita BWV 826 beginnt mit einer feierlich-gravitätischen Französischen Ouvertüre mit Doppelfuge. Präludiencharakter besitzt die Allemande, schlichte Zweistimmigkeit zeichnet die Sarabande aus, übermütig gibt sich das Rondeau. Am Schluss steht ungewohnt keine Gigue sondern ein pianistisch besonders anspruchsvolles, zwischen tänzerischer Attitüde und kontrapunktischem Ernst effektvoll vermittelndes Capriccio.

Der 1981 im französischen Tarbes geborene David Fray, Sohn eines Kant- und Hegel-Forschers und einer Lehrerin mit tschechischen, polnischen und finnischen Wurzeln, begann mit vier Jahren Klavier zu spielen, ist Träger mehrerer Preise, unter anderem des renommierten ECHO-Klassik 2008 für seine frühe Einspielung von Werken Bachs und Boulez'. Kultcharakter hat der Film des bedeutenden französischen Regisseurs Bruno Monsaingeon, der Fray bei seiner Probenarbeit mit der Deutschen Kammerphilharmonie Bremen bei Bach-Klavierkonzerten begleitet hat. Auch dafür wurde der in Paris lebende Pianist mit zahlreichen Preisen ausgezeichnet. Als sein erklärtes Vorbild nennt der in seiner Körperhaltung und in der Dynamik seines Spiels vielfach an Glenn Gould erinnernde Fray den deutschen Pianisten Wilhelm Kempff. Fray, dessen Repertoire vom Barock bis in die Gegenwart reicht, gilt als einer der aufregendsten Bach-Interpreten der Gegenwart.

REFERENTINNEN & REFERENTEN

DIRK BATHEN

Markt-, Gesellschaftsforscher und Strategieberater. Zuletzt Geschäftsführer bei Trendbüro, Beratungsunternehmen für gesellschaftlichen Wandel. Seit 2012 selbstständig. Als Experte für Ausblicke und Aufbrüche bietet er seinen Kunden Orientierung in Zukunftsfragen. Zudem schreibt er Kolumnen und Kurzgeschichten.

HARALD BLEIER

Seit 2005 Leiter des Kunststoff- und Mechatronik-Clusters der Wirtschaftsagentur ecoplus. Seit 2008 Auf- und Ausbau von Kunststoff-Branchennetzwerken in Niederösterreich, Oberösterreich, Salzburg und Wien.

SENANA LUCIA BRUGGER

Studium der Ethnologie und Informatik in Hamburg. Beschäftigt sich seit 10 Jahren aus unterschiedlichen Blickwinkeln mit der Schnittstelle von Mensch, Technik und Kultur. Seit 2002 diverse Aus- und Weiterbildungen im Bereich der Körperpsychotherapie. Seit 2008 Engagement und Projekttätigkeit bei „Ingenieure ohne Grenzen e.V.“ sowie Projekt- und Beratertätigkeit im Bereich Mensch-Computer-Interaktion und Arbeitsforschung mit visuellen ethnographischen Methoden. Arbeitet zur Zeit an dem Projekt „Drei Wellen“.

MARKO CALASAN

Mazedonisches Computer-System Wunderkind. Jüngster zertifizierter Systemadministrator und Systemtechniker. Machte erste Schlagzeilen in den Vereinigten Staaten, als im Jahre 2010 die CNN i-List über ihn berichtete. Lehrt Computer-Grundlagen für Kinder von 8 bis 11 Jahren in seiner Grundschule. Buchveröffentlichung über Pre-Installation und Post-Installation von Windows 7.

WALTER DOBNER

Jurist, Professsor, Musikkritiker und Publizist („Die Presse“ und „Die Furche“). Programmautor (Wiener Philharmoniker, Wiener Staatsoper, Salzburger Festspiele). Buchveröffentlichungen über Joseph Haydn, die Wiener Philharmoniker, Fabio Luisi und Riccardo Muti. Zahlreiche Booklettexte. Geschäftsführer der Wiener Hofmusikkapelle. Gastvorlesungen an der Universität Wien.

MICHAEL FEMBEK

Ab 1985 beim österreichischen Wirtschaftsmagazin GEWINN, von 2000 bis 2007 dessen Chefredakteur. Mitherausgeber von Finanz- und Wirtschaftsbüchern. 1999 Gründung des Beratungsunternehmens MIPA mit Schwerpunkt Stiftungen und Philanthropie. 2009 Herausgabe des ersten CSR-Jahrbuches für Österreich. 2007 Gründung von Antara Solutions, eines Forschungsvereins für Bildungs- und Knowhow-Transfer zu benachteiligten Menschen. Seit 2010 Programmdirektor der Essl Privatstiftung und Leiter Soziales der Baumax-Unternehmensgruppe.

FELIX FINKBEINER

Gründer der Schülerinitiative „Plant-for-the-Planet". Jüngster UN-Kinderbotschafter für Klimaschutz. Mit dem Slogan „Stop talking. Start planting." hat er mehrere Millionen Baumpflanzungen bewirkt. 2012 Auszeichnung mit dem „Sustainable Entrepreneurship Award" (SEA).

DAVID FRAY

Der französische Pianist zählt zu den Top-Stars der jüngeren Generation. Seine Studien bei Jacques Rouvier am Conservatoire National Supérieure de Musique in Paris beendete er mit Auszeichnung. Seine Karriere wurde von so bedeutenden Künstlern wie Dmitri Bashkirov, Paul Badura-Skoda, Christoph Eschenbach und Pierre Boulez gefördert. Für seine CD-Aufnahmen wurde er 2008 und 2009 mit dem ECHO Klassik ausgezeichnet. 2010 erhielt er den wichtigen französischen Musikpreis „Victoires de la musique classique" in der Kategorie „Instrumentalist des Jahres".

SUSANNE VALERIE GRANZER

o. Univ. Prof. Dr. phil. Schauspielerin (Engagements in Wien, Basel, Düsseldorf, Frankfurt, Berlin). Hat in Frankfurt und Wien Philosophie studiert und 1995 an der Universität Wien promoviert. Lehrt seit 1989 am Max Reinhardt Seminar in Wien Schauspiel. Zusätzlich zu ihrer Arbeit als Schauspielerin diverse Publikationen (u. a.): „Schauspieler außer sich. Exponiertheit und performative Kunst" (Transcript 2011); gemeinsam mit Doris Ingrisch: „Kunst_Wissenschaft. Don't Mind the Gap!" (Transcript 2014). 1997/98: Sabbatical an der Juilliard School, New York.

DORIS HELMBERGER-FLECKL

Studierte Theologie und Germanistik in Graz und Straßburg. Seit 2000 Redakteurin bei der Wochenzeitung „Die Furche" (Gesellschaft/Bildung).

KLAUS HIMPSL-GUTERMANN

Seit September 2013 am Institut für Forschung, Innovation und Schulentwicklung an der Pädagogischen Hochschule in Wien. Von April 2007 bis August 2013 wissenschaftlicher Mitarbeiter am Department für Interaktive Medien und Bildungstechnologie der Donau-Universität Krems. Bis Oktober 2012 Leitung der beiden Masterstudiengänge „eEducation" und „Personalmanagement und Kompetenzentwicklung mit neuen Medien", die sich mit dem Einsatz von

E-learning in verschiedenen Kontexten beschäftigen. Er entwickelte innovative Blended Learning Arrangements und unterrichtet in mehreren Kursen im Bereich der Bildungstechnologie. Sein Arbeitsschwerpunkt in Forschung und Lehre ist das elektronische Portfolio, zu dem er aktuell zwei EU-Projekte im Forschungscluster Lifelong Learning betreut.

JOHANNES HOFF

Professor für Systematische Theologie an der University of London (Heythrop College). Lehrte zuvor an der University of Wales und der Universität Tübingen. Seine aktuelle Forschung beschäftigt sich mit dem Epochenumbruch der Spätmoderne und verwandten Epochenumbrüchen in der Frührenaissance und der Frühromantik. Verfasste eine Monographie zu diesem Thema unter dem Titel „The Analogical Turn" (Eerdmans Publishing Company 2013).

MOYA HOKE

Lebt und arbeitet als Designstrategin (im Bereich Design Research und Cultural Studies) in Wien. Regelmäßige Teilnahme an Ausstellungen. Vorträge an der TU Wien und der HfBK Hamburg. Ihr neuestes Projekt ist eine Kollaboration mit Julia Lohmann am Department of Seaweed am Victoria and Albert Museum in London.

JÖRG JELDEN

Unabhängiger Experte für Ausblicke und Aufbrüche. Dipl.-Sozialwirt (Medien-, Politikwissenschaften, Marketing), Alumni des Oxford Scenarios Programme der Said Business School und Metaplan Practitioner, Autor diverser Zukunftsstudien (u. a. „Retail Revolution", „TV to come/TV to go", „Big Context"), moderiert Innovationsworkshops und Führungskräftetreffen, kuratiert Innovationskonferenzen wie die NEXT Berlin, hält Impulsvorträge. Vor seiner Selbstständigkeit war er fünf Jahre im Trendbüro Hamburg tätig.

MICHAEL KERBLER

Nach Mitarbeit in den Wirtschaftsressorts von „Neue Kronen Zeitung" und „Die Presse" ab 1976 Wirtschaftsredakteur im ORF-Hörfunk. Danach Auslandskorrespondent, stellv. Leiter Außenpolitik/Hörfunk. Ab 1994 Hörfunk-Chefredakteur. Ab 1998 stellv. Intendant und Chefredakteur von Radio Österreich International, dem ORF-Auslandsradio. Von 2003 bis 2013 Leiter u. a. der Ö1-Sendereihe „Im Gespräch".

MARJATTA KIESSL

Freiberufliche Strategie- und Kommunikationsberaterin. Beschäftigt sich mit Bildungs-, Forschungs- und Wissenschaftsthemen. Unterstützung der wissenschaftlichen Arbeit im Bereich „Digitale Lernräume" am Innovations-Inkubator der Leuphana Universität Lüneburg. Leitung des Marketing- und Kommunikationsbereich der Stiftung „Haus der kleinen Forscher" in Berlin, der größten frühkindlichen Bildungsinitiative in Deutschland. Leiterin der Beratung der Agentur Scholz & Friends. Universitätsabschlüsse in Kanada und den USA (Sprach- und Literaturwissenschaft, M.A., Betriebswirtschaftslehre, M.B.A.).

WOLFGANG LEDERHAAS

Germanist, Philosoph, Aromatherapeut, Parfumeur und Kosmetikhersteller. Vereint Geistes- und Naturwissenschaften. Studierte in Graz, Wien und Berlin Philosophie, Psychologie, Germanistik. Klassische Gesangsausbildung. Ehemaliger Assistent des Direktors der Diplomatischen Akademie Dr. Jiří Gruša. Veröffentlichte und editiere zahlreiche Publikationen. Inspiriert durch das Bild des Renaissance-Menschen wendete er sich weiteren Studien der Pharmazie, Kosmetologie und Aromatherapie zu. Gründer der Wiener Manufaktur und Eco-Luxury Marke LEDERHAAS Organic Skincare, in der hauseigene wie externe Produkte konzipiert und kreiert werden.

MONIKA MEISTER

Außerordentliche Universitätsprofessorin am Institut für Theater-, Film- und Medienwissenschaft an der Universität Wien. Studium der Theaterwissenschaft, Ethnologie und Philosophie an der Universität Wien. Dissertation über den Theaterbegriff Robert Musils. Seit 1992 Dozentin am Institut für Theaterwissenschaft in Wien. Habilitationsschrift über die Katharsis im Theoriediskurs um 1900. Vorlesungen, Publikationen und Vorträge zur Geschichte und Theorie des Theaters. Jüngste Publikationen: „Theater denken. Ästhetische Strategien in den szenischen Künsten" (Wien 2009) und „Auftritt Chor" (Maske und Kothurn, Wien 2012).

LUCIENNE PEIRY

Von 2001 bis 2011 Direktorin der Collection de l'Art Brut, Lausanne. Seit 2012 Direktorin für Internationale Beziehungen und Forschung der Collection de l'Art Brut, Lausanne.

JANA REVEDIN

Ordentliche Universitätsprofessorin, DI Dr. techn., Architektin. Professorin für Architektur und Gestaltung am Blekinge Institute of Technology in Schweden mit Forschungsschwerpunkt kollektive Lebensraumentwicklung durch partizipatives Gestalten. Studierte Architektur und Städtebau in Buenos Aires, Princeton und am

Politecnico di Milano, promovierte und habilitierte sich an der IUAV Venedig unter Aldo Rossi. Autorin von Standardwerken zu nachhaltiger Architektur und Städtebau. Gründete 1996 ihr eigenes Architekturbüro mit Spezialisierung auf nachhaltige Architektur und Stadterneuerung, 2006 Gründerin und Präsidentin der „LOCUS-Stiftung", die den „Global Award for Sustainable Architecture™" vergibt und die Gewinner in experimentellen partizipativen Stadterneuerungsprojekten vereint. Jana Revedin ist in zweiter Berufung renommierte Literatin und Poetin.

PETER ROSEI

Promovierte 1968 zum Doktor der Rechtswissenschaften. Lebt seit 1972 als freier Schriftsteller in Wien und auf Reisen. Erhielt zahlreiche Preise und Auszeichnungen, u.a. Franz-Kafka-Preis 1993, Anton-Wildgans-Preis 1999 und 2007 das Österreichische Ehrenkreuz für Wissenschaft und Kunst. Bekannt wurde er mit seinem Werk „Wer war Edgar Allan?" (Residenz Verlag 1978). Seine letzte Publikation ist „Madame Stern" (Residenz Verlag 2013).

STEFAN SAGMEISTER

Vielfach ausgezeichneter Designer, Typograph, Pädagoge und Autor. Geboren in Bregenz, lebt und arbeitet in New York (Designstudio Sagmeister & Walsh). Berühmt wurde er durch seine Album Covers für Lou Reed, The Rolling Stones und David Byrne. Einzelausstellungen führten ihn um die ganze Welt. Unterrichtete unter anderem an der Universität der Künste Berlin, am Graduate Department der School of Visual Arts in New York und der Cooper Union School of Art in New York. Mitglied des prestigereichen Forums TED (Technology, Entertainment, Design). Nimmt regelmäßig Sabbaticals (jedes siebente Jahr ein Jahr Auszeit), um zu experimentieren, zu denken, sich zu besinnen.

KARIN SANDER

Studierte Freie Kunst und Kunstgeschichte an der Kunstakademie Stuttgart und am I.S.P., Independent Study/Studio Program, I.S.P. Whitney Museum, New York. Von 1999 bis 2007 Professorin für Bildhauerei an der Kunsthochschule Weißensee in Berlin. Seit 2007 Professorin für Architektur und Kunst an der ETH Zürich. Lebt und arbeitet in Berlin und Zürich.

Auszeichnungen: DAAD Stipendium, New York; Kunstfonds Bonn; Villa Romana Preis, Florenz; Cité Internationale des Arts, Paris; Akademie Schloss Solitude, Stuttgart; Hans-Thoma-Preis, Staatspreis des Landes Baden-Württemberg. Ihre Arbeiten, die sie im Kontext vorgefundener Situationen entwickelt, sind in zahlreichen internationalen Ausstellungen vertreten.

JOACHIM SCHREIBER

Studium der Biologie. Startupgründer. Mitarbeit im Institut für Innovative Pflanzenforschung & Photochemie. Davor Aktivitäten für Greenpeace, WWF Österreich, ATTAC, Südwind-Agentur, Verein Ute Bock, ÖGUT.

WILFRIED STADLER

Hon.Prof., Dr., Wirtschaftspublizist und Honorarprofessor für Wirtschaftspolitik an der Wirtschaftsuniversität Wien. Studium der Volkswirtschaftslehre. Ab 1987 im Bankenwesen, zuletzt bis Mitte 2009 Vorstandsvorsitzender der Investkredit. Konsulent einer Privatbank und Aufsichtsrat in mehreren Unternehmen der Industrie. Themenverantwortlich für die Gesprächsreihe „OPEN MINDS" an der Wirtschaftsuniversität Wien, Lehrtätigkeit an der Universität Salzburg (Seminar Finanzmarktökonomie), Mit-Herausgeber und Kolumnist der österreichischen Wochenzeitung „Die Furche". Zahlreiche Publikationen. Vorstandsmitglied von GLOBArt.

HARALD WELZER

Direktor der „FUTURZWEI. Stiftung Zukunftsfähigkeit" in Berlin, Professor für Transformationsdesign an der Universität Flensburg. Lehrt Sozialpsychologie an der Universität Sankt Gallen. Zu seinen bekannten Werken zählen: „Opa war kein Nazi. Nationalsozialismus und Holocaust im Familiengedächtnis" (2002); „Täter. Wie aus ganz normalen Menschen Massenmörder werden" (2005); „Klimakriege. Wofür im 21. Jahrhundert getötet wird" (2008); „Soldaten. Protokolle vom Kämpfen, Töten und Sterben" (2011); „Der FUTURZWEI-Zukunftsalmanach" (2012); „Selbst denken. Eine Anleitung zum Widerstand" (2013). Erschienen in den S. Fischer Verlagen.

IMPRESSUM

Herausgegeben von der Kulturinitiative GLOBArt

Präsident: Ing. Mag. Hartmut Müller
Redaktion: Prof. Heidemarie Dobner, Marianne Dobner, BA

Künstler der Academy:
Mamadou Diabaté, David Fray, Hard-Chor Linz, Josef Hofer, Hans Hoffer, Hannes Raffaseder

Der Herausgeber dankt den Sponsoren:
Niederösterreichische Landesregierung, Abteilung Kultur und Wissenschaft, Bundesministerium für Unterricht, Kunst und Kultur, Lebensministerium, Bundesministerium für Verkehr, Innovation und Technologie, ecoplus, Raiffeisenbankengruppe NÖ-Wien, ORF Ö1

AMBRA | V ist ein Unternehmen der Medecco Holding GmbH, Wien
Printed in Germany

Grafische Gestaltung: Mag. Rita Neulinger
Lektorat: Marianne Dobner, BA
Druck: Strauss GmbH, D-69509 Mörlenbach
Gedruckt auf säurefreiem, chlorfrei gebleichtem Papier

Mit 12 Abbildungen.
Bildnachweise:
Seite 16: Karin Sander, Kernbohrungen (Core Drillings), 2011, Papierabfälle aus fünf Büros des Neuen Berliner Kunstvereins, fünf Löcher im Boden der Büros bzw. der Decke des Ausstellungsraumes, Löcher je Ø 30 cm, Foto: © Jens Ziehe.
Seite 17: Karin Sander, Karin Sander, 2002, 62 Porträtfotografien von Frauen namens Karin Sander aus deren privaten Archiven, Digitaldrucke, gerahmt, je 46,5 x 39,5 cm oder 39,5 x 39,5 cm, Foto: © Studio Karin Sander.
Seite 59: Illustration „Pflanze“ © iStock.com/owattaphotos.
Seite 62: Lars von Trier, Antichrist, 2009.
Seite 64: Illustration „Kirschbaum“ © iStock.com/bubble86.
Seite 108: Illustration, © Malte von Tiesenhausen / Drei Wellen.
Seite 109: Illustration, © Malte von Tiesenhausen / Drei Wellen.
Seite 112: Illustration, © Malte von Tiesenhausen / Drei Wellen.
Seite 115: Illustration, © Malte von Tiesenhausen / Drei Wellen.
Seite 118: Josef Hofer, Kleidung, VII 2005, © Lebenshilfe Oberösterreich.
Seite 119: Josef Hofer, Akt , VIII 2009, © Lebenshilfe Oberösterreich.
Seite 119: Josef Hofer, Akt, III 2012, © Lebenshilfe Oberösterreich.

Bibliografische Information der Deutschen Nationalbibliothek
Die Deutsche Nationalbibliothek verzeichnet diese Publikation in der Deutschen Nationalbibliografie; detaillierte bibliografische Daten sind im Internet über http://dnb.d-nb.de abrufbar.

ISSN 1611-7468
ISBN 978-3-99043-632-5 AMBRA | V